Xavier van Leeuwe
Matt Lindsay
Matthijs van de Peppel

Relationship Economy – Erfolg durch werthaltige Kundenbeziehungen

Für die Hauptpersonen unserer wichtigsten Beziehungen:
Annie, Arieke und Wietske

Xavier van Leeuwe, Matt Lindsay,
Matthijs van de Peppel

Relationship Economy
– Erfolg durch werthaltige
Kundenbeziehungen

Lassen Sie Daten für Sie arbeiten.
Lernen Sie Ihre Kunden verstehen.

Übersetzt aus dem Niederländischen von Ingrid Ostermann

UVK Verlag · München

Dieses Buch erschien bereits in englischer Sprache *How to Succeed in the Relationship Economy* sowie in den Niederlanden unter dem Titel *De Relatie-Economie.*

Bibliografische Information der Deutschen Bibliothek
Die Deutsche Bibliothek verzeichnet diese Publikation in der Deutschen Nationalbibliografie; detaillierte bibliografische Daten sind im Internet über <http://dnb.ddb.de> abrufbar.

ISBN 978-3-86764-844-8 (Print)
ISBN 978-3-7398-0405-7 (EPUB)
ISBN 978-3-7398-0406-4 (EPDF)

Das Werk einschließlich aller seiner Teile ist urheberrechtlich geschützt. Jede Verwertung außerhalb der engen Grenzen des Urheberrechtsgesetzes ist ohne Zustimmung des Verlages unzulässig und strafbar. Das gilt insbesondere für Vervielfältigungen, Übersetzungen, Mikroverfilmungen und die Einspeicherung und Verarbeitung in elektronischen Systemen.

© UVK Verlag München 2018
– ein Unternehmen der Narr Francke Attempto Verlag GmbH & Co. KG

Einbandgestaltung. Susanne Fuellhaas, Konstanz
Cover-Illustration: © Fotolia – vege
Druck und Bindung: Printed in Germany

UVK Verlag
Nymphenburger Strasse 48 · 80335 München
Tel. 089/452174-65
www.uvk.de

Narr Francke Attempto Verlag GmbH & Co. KG
Dischingerweg 5 · 72070 Tübingen
Tel. 07071/9797-0
www.narr.de

Testimonials

„Xavier van Leeuwe, Matt Lindsay und Matthijs van de Peppel zeigen auf, wie man durch die Verknüpfung von Daten und Empathie Kundenorientierung erfolgreich in der Unternehmenskultur verankern und damit bessere wirtschaftliche Ergebnisse erzielen kann. Wenigen gelingt dies so pragmatisch und praxisnah wie den Autoren. Viele ihrer Empfehlungen lassen sich 1:1 im eigenen Unternehmen umsetzen."
– Dr. Steven Neubauer,
Geschäftsführer Neue Zürcher Zeitung AG

„Die gute Nachricht in der für Medienhäuser vielfach negativ beschriebenen digitalen Transformation ist, dass Abomodelle weiter und auf breiter Basis Akzeptanz finden. Dieses Buch hilft Direktmarketern und Produktverantwortlichen, sich positiv auf den Wandel einzulassen, und gibt die richtigen Impulse, im Prozess der Kundengewinnung eher weniger, dafür aber die richtigen Fragen zu stellen und die Datenanalyse entsprechend auszurichten. Ein schönes Plädoyer dafür, dass zahlenbasiertes Handeln eine Selbstverständlichkeit sein kann."
– Stefan Buhr, Leiter Lesermarkt, Frankfurter Allgemeine Zeitung

„Beziehungen pflegen, dem Kunden zuhören und mit den richtigen Daten mehr über die Nutzer und Abonnenten erfahren. Gerade jetzt, da Transformation DIE Konstante ist, bietet das Buch wertvolle Hinweise, wie Verlage mit guten Inhalten und Services Erfolg haben können. Die Autoren verstehen es, dem Leser das komplexe Thema leicht verständlich zu erläutern und machen dieses Sachbuch zu einem angenehm lesbaren, kurzweiligen Input."
– Jochen Dieckow, Geschäftsführer ZV Akademie,
eine Serviceeinrichtung des Bundesverbandes Deutscher
Zeitungsverleger

„Ein außerordentliches Buch. Die darin beschriebenen Prozesse und Methoden sind eigentlich nicht wirklich neu, für die Zeitungsverlagsbranche sind sie aber revolutionär. Die Autoren haben uns mit ihren Denkmodellen geholfen, uns selbst und unsere alten Geschäftsmodelle zu hinterfragen und eine Kurskorrektur bei Marktbearbeitung und Kundenbindung einzuleiten."
– Andreas Müller, Geschäftsführer Medienhaus Aachen

„Den Kunden wirklich zu verstehen, ist das A und O guter Kundenbeziehungen. Designer sind häufig davon überzeugt, dass sie Ihre Kunden intuitiv verstehen; der in diesem Buch beschriebene zielgerichtete Einsatz von quantitativer und qualitativer Datenanalyse zeigt jedoch auf, dass bessere Entscheidungsprozesse möglich sind."
– Jelle Prins, Designmanager bei Uber

„Fantastisches Buch! Ausgezeichnete Kombination von Theorie und Praxis. Vermittelt Einsichten in die Relationship Economy und wie man selbst sinnvoll damit arbeiten kann."
– Dr. Han Gerrits, Professor an der Freien Universität Amsterdam und KPMG-Partner

„Die Autoren der ‚Relationship Economy' legen anhand fundierter Beispiele überzeugend dar, dass eine auf Daten basierte und kundenorientierte Herangehensweise für richtungsweisende Unternehmen, beispielsweise im Medienwesen, unerlässlich ist, um eingedeckt zu sein für das, was die Zukunft bringen mag."
– Peter Hinssen, Gründer und Vorstandsvorsitzender eines Technologieunternehmens, Autor und Redner

„Beziehungen sind der neue Treibstoff der Wirtschaft. Sie sind nicht nur die treibende Kraft unseres eigenen Handelns und unserer persönlichen Entscheidungen, sondern definieren darüber hinaus im zunehmenden Maße unser Verhältnis zu Unternehmen und Marken. Die ‚Relationship Economy' hilft, diese Verschiebungen zu verstehen und reicht gleich-

zeitig die entscheidenden Werkzeuge an, um damit umzugehen. Dieses Buch erklärt, wie man aus der Kombination von Empathie und Kreativität der Kundenerfahrung mit der Präzision und Akribie der Datenanalyse dauerhaften Nutzen aus Kundenbeziehungen ziehen kann. So machen wir einen Schritt in Richtung einer menschenorientierten Wirtschaft."
– *Erik Roscam Abbing,
Geschäftsführer der Livework Netherlands B.V.*

"Nur wenigen gelingt es wie Mather und NRC in die Zukunft der abonnementbasierten Wirtschaft zu blicken. Ein *Must-Read* für alle, die sich ernsthaft mit der Weiterentwicklung ihres Unternehmens befassen."
– *Stacy Spikes, Mitgründer von MoviePass*

„Datenintelligenz steckt noch in den Kinderschuhen. Dieses Buch ist ein Meilenstein auf dem Weg, den jedes Unternehmen schon vor einiger Zeit eingeschlagen haben sollte. Es ist noch nicht zu spät, lernen Sie von den Besten."
– *Vincent Peyrègne, CEO von WAN-IFRA*

„Eine faszinierende, realistische Handreichung für Unternehmen, die intelligente Analysen für den Aufbau von langfristigen und tragfähigen Kundenbeziehungen nutzen möchten."
– *David Clinch, Global News Editor von Storyful*

",Relationship Economy' zeigt, wie man Daten für sich arbeiten lässt und vermittelt das notwendige Wissen darüber, wie man ein Unternehmen organisieren muss, um das Potenzial der Daten effektiv zu nutzen."
– *Slaven Mandic, CEO von WayneParkerKent*

„Mithilfe von Matt Lindsay haben die Printmedien in den USA ihren Abonnementverkauf wieder in den Griff bekommen und konnten ihren Umsatz und die Rendite maßgeblich steigern. Ich kenne niemanden, der so viel zur

Lösung der finanziellen Schwierigkeiten im Zeitungswesen beigetragen hat."

– Jim Moroney,
Verleger und CEO der The Dallas Morning News

„Ich bin beeindruckt, wie es den Autoren gelingt, ihre komplexe und ganzheitliche Expertise im Bereich der Datenanalyse auf realitätsbezogene Geschäftsmodelle mit realer Wertschöpfung zu übertragen."
– *Georg Sauer, Vizepräsident der Business Intelligence Finance und 1&1 Internet SE*

„Unabhängig davon, ob es nun daran liegt, dass kurzfristigen Zielen Priorität eingeräumt wird oder daran, dass es schwierig ist, eine produktorientierte Arbeitsphilosophie zu verändern beziehungsweise an der Tatsache, dass es nicht einfach ist, den Wert von Daten und deren Analyse für ein Unternehmen zu beweisen: Vielen Unternehmen fällt der Wechsel zu einer kundenbasierten Organisation schwer. Wenn Sie erfolgreich sein und Ihren Kunden den ersten Platz einräumen wollen, lesen Sie dieses Buch!"
– *Jimmy de Vreede, Unternehmensberater bei Yourzine*

Inhaltsübersicht

Testimonials 5

Vorwort 13

Einführung 17

Teil 1: Lassen Sie die Daten für Sie arbeiten (und nicht gegen Sie) 23

Teil 2: Entwickeln Sie werthaltige Kundenbeziehungen 61

Teil 3: Beziehungen pflegen mittels optimalem Customer-Experience-Management 95

Teil 4: Analytische Werkzeuge 117

Teil 5: Werkzeuge für das Customer-Experience-Management 153

Fazit 173

Danksagung 177

Über die Autoren 179

Endnoten 183

Inhaltsverzeichnis

Testimonials 5

Vorwort 13

Einführung 17

Teil 1:
Lassen Sie die Daten für Sie arbeiten (und nicht gegen Sie) 23

1 Lassen Sie Ihre Datenteams aus dem Business leiten 24

2 Nutzen Sie das Potenzial von KPIs 30

3 Fallen Sie nicht auf den Big-Data-Hype rein 44

4 Fangen Sie mit dem Fundament an 57

Teil 2:
Entwickeln Sie werthaltige Kundenbeziehungen 61

5 Preissensibilität verstehen 62

6 Finden Sie den richtigen Akquisitionspreis 70

7 Bauen Sie langfristige Kundenbeziehungen auf .. 75

8 Der Effekt vom Personal auf Kundenbeziehungen 87

Teil 3:
Beziehungen pflegen mittels optimalem Customer-Experience-Management 95

9 Setzen Sie sich mit den Kunden an einen Tisch ... 96

10 Beständig in Beziehungen investieren 109

Teil 4:
Analytische Werkzeuge..**117**

11 Customer-Lifetime-Value (CLV)........................... 118

12 Das Churn-Modell... 123

13 Prognose des Umsatzes und der Kunden-
    anzahl.. 127

14 Online-Datenerfassung mit Listener 131

15 Yield-Management im Abonnementgeschäft 135

16 Den Akquisitionspreis optimieren........................ 149

Teil 5:
**Werkzeuge für das Customer-Experience-
Management**..**153**

17 Die Design-Thinking-Methode 154

18 Service-Design... 158

19 Aktives Zuhören 163

20 Die Bedarfsmatrix 165

Fazit.. 173

Danksagung 177

Über die Autoren 179

Endnoten 183

Vorwort

Dieses Buch ist das Ergebnis einer langjährigen fruchtbaren Kooperation von NRC und Mather Economics. Diese beiden sehr unterschiedlichen Unternehmen ergänzen einander auf wunderbare Weise. NRC ist ein niederländisches Medienunternehmen, das über umfangreiche Erfahrung im Aufbau von Kundenbeziehungen und in der Optimierung von Customer-Experience verfügt, und die amerikanische Unternehmensberatung Mather Economics hat sich auf Big Data und vorausschauende Analysen spezialisiert. Während unserer intensiven Zusammenarbeit zeigte sich, dass wir viel voneinander lernen können.

Zu dem Zeitpunkt, als die beiden Unternehmen erstmals in Kontakt traten, war NRC mit großen Herausforderungen konfrontiert: rückläufige Leserzahlen und sinkende Werbeeinnahmen. Um zukunftsfähig zu bleiben, musste NRC einen neuen Kurs einschlagen. In den darauffolgenden Jahren gelang es mithilfe von Mather Economics, den Niedergang abzuwenden und einen nachhaltigen Aufwärtstrend mit steigenden Leserzahlen und wachsendem Umsatz in Gang zu setzen. Während dieses intensiven Prozesses näherten sich die beiden Unternehmen zusehends an. Es kristallisierte sich heraus, dass unsere Auffassungen über die Bedeutung von Kundenbeziehungen sowie über das Potenzial, das Daten und ihrer Analyse zur Verbesserung und Stärkung dieser Beziehungen in sich bergen, übereinstimmten. Wir sind davon überzeugt, dass unsere Erkenntnisse und die daraus resultierenden Projekte sowie die erzielten Ergebnisse für das breite Publikum von großem Interesse sind.

Dieses Buch ist besonders anschaulich gestaltet, durch die vielen Fallstudien, die wir aus hunderten Projekten selektierten, die Mather für Unternehmen aus unterschiedlichsten Sektoren bearbeitet hat, ergänzt mit Beispielen aus der täglichen Praxis der Marktforschungs- und Marketingabteilung von NRC.

Wir hoffen, dass Ihnen das Lesen des Buchs genauso viel Vergnügen bereitet wie uns die Entdeckungsreise, die uns bis zu diesem Punkt gebracht hat. Wir möchten mit diesem Buch anderen helfen, insbesondere denjenigen, die in Wirtschaftszweigen operieren, die vor großen Herausforderungen stehen und die auf große Umbrüche reagieren müssen, wie beispielsweise die Nachrichtenmedien in der Medienbranche. Wir hoffen, dass die gewählten Beispiele und die dargestellten Werkzeuge einen Beitrag zum Erfolg Ihres Unternehmens durch steigende Kundenzahlen und Umsatzwachstum leisten können.

Außerdem möchten wir Sie inspirieren, sich auf einen Veränderungsprozess einzulassen, indem wir Ihnen Orientierungshilfen geben eine Unternehmensstrategie zu entwickeln, die weniger gefühlsbasiert und stärker datengesteuert ist. Die sich daran orientiert, was Menschen brauchen und die zu gesunden finanziellen Ergebnissen führt, sowohl kurz- als auch langfristig. Und *last but not least* hoffen wir, dass dieser Veränderungsprozess einen positiven Effekt auf die Arbeitsfreude in Ihrem Unternehmen hat.

Dieses Buch wurde für Sie geschrieben

Dieses Buch vermittelt Methoden zum richtigen Dateneinsatz und zum Aufbau von Kundenbeziehungen. Die dargestellten Herangehensweisen eignen sich für alle Unternehmensformen.

Sowohl Anfänger wie ausgewiesene Fachleute aus den Bereichen Datenanalyse und Customer-Experience werden in diesem Buch Fallstudien und neue Erkenntnisse finden, die es ihnen ermöglichen, eine erfolgreiche, langfristige Strategie für ihr Unternehmen zu entwickeln. So werden praktische Beispiele aus dem Bankwesen, der Welt der Nachrichtenmedien und Kabelanbieter sowie dem Telekommunikationssektor beleuchtet. Dieses Buch richtet sich insbesondere – aber nicht nur – an:

- Marketingspezialisten, Datenanalysten und Fachleute auf dem Gebiet der Customer-Experience, die inspirierende und praktische Beispiele suchen, um mit Hilfe von Daten und Einfühlungsvermögen eine Kostensenkung bei gleichzeitiger Steigerung des Umsatzes herbeizuführen;
- Spitzenführungskräfte und Direktionsmitglieder, die wissen wollen, wie der Aufbau und die Pflege guter Kundenbeziehungen zu gesunden Geschäftsergebnissen beitragen können;
- Unternehmer, die ein tragfähiges Abomodell von Grund auf entwickeln wollen und gleichzeitig die Bedürfnisse ihrer Kunden verstehen möchten;
- Vorstandsmitglieder von Vereinen, Stiftungen und Non-Profit-Organisationen, denen rückläufige Mitgliederzahlen oder der Wegfall von Sponsoren Sorgen bereiten;
- Akademiker und Studierende aus den Bereichen Betriebswirtschaftslehre, Business-Analytics, Wirtschaftswissenschaften und Customer-Experience.

Erlauben Sie uns, bevor wir loslegen, eine kurze redaktionelle Bemerkung. Dieses Buch richtet sich an eine breite Leserschaft; wir waren bemüht, beide Geschlechter soweit möglich ausgewogen zu berücksichtigen. Bei einigen Personenbezeichnungen, wie Kunden und Abonnenten, die dem Thema geschuldet gehäuft vorkommen, fiel es uns schwer, eine lesefreundliche und genderneutrale Alternative zu finden. Aus Gründen der Lesbarkeit haben wir uns daher entschieden, nicht überall Kunden und Kundinnen oder Abonnenten und Abonnentinnen zu verwenden, sondern es bei der männlichen Form zu belassen; selbstverständlich sind beide Gruppen gemeint. Wir bitten um wohlwollendes Verständnis.

Einführung

Herzlich willkommen in der Relationship-Economy

Heute Morgen war eine Ihrer ersten Handlungen vermutlich der Griff zum Smartphone, um neue Mitteilungen und E-Mails abzurufen, natürlich mit Ihrem Datenabonnement namens Flatrate. Vielleicht haben Sie während des Frühstücks mittels eines Pay-TV-Abos Ihren Lieblingsnachrichtensender eingeschaltet oder Sie haben Zeitung gelesen, die Zeitung, die Ihnen jeden Morgen vor die Tür gelegt wird. Anschließend haben Sie möglicherweise in Ihrem Fitnessstudio trainiert, bei dem Sie einen Jahresvertrag abgeschlossen haben, eventuell sind Sie danach mit Ihrer BahnCard oder Ihrer Monatskarte zur Arbeit oder zur Uni gefahren. Dort haben Sie möglicherweise mit Software aus der Cloud gearbeitet, wie beispielsweise Microsoft Office 365. Und das Abendessen haben Sie womöglich aus einer Kochbox von Hellofresh zubereitet. Es ist nicht auszuschließen, dass Sie, endlich auf dem Sofa angelangt, Netflix oder Spotify nutzten.

Unser tägliches Leben wird heutzutage von vielen verschiedenen Abonnements bestimmt. Immer mehr Dienste und eine wachsende Zahl von Produkten werden in Form eines Abos angeboten. Der Umsatz der Unternehmen, die im *Subscription-Economy-Index* gelistet sind, einem Index speziell für mit dem Abomodell operierende Betriebe, ist in den letzten fünf Jahren neunmal schneller gewachsen als der Umsatz der im *S&P-500-Aktienindex* notierten größten US-amerikanischen Unternehmen und viermal schneller als der

Umsatz des US-amerikanischen Einzelhandels. Das ebenfalls US-amerikanische Marktforschungsinstitut Gartner prophezeit, dass im Jahr 2020 mindestens 80 Prozent der Softwareanbieter ihre Produkte nach dem Modell *Software-as-a-Service* (SaaS) anbietet.[1]

Warum verbreitet sich das Abomodell so schnell? Weil wir uns zu etwas zugehörig fühlen möchten. In der heutigen Welt unterhalten wir uns immer weniger mit den Menschen, die uns nahestehen, unser Leben wird immer individualisierter. Es wird immer hektischer und voller, wir bewegen uns immer weniger in traditionellen Zusammenhängen wie Kirchengemeinden, Vereinen, Parteien und gesellschaftlichen Organisationen, oder auch dem Familienverband.[2] Stattdessen nehmen Menschen heutzutage mittels Technologie und *Online-Communities* Kontakt zueinander auf, verbinden sich miteinander über Organisationen und Marken bzw. Labels.[3]

Immer mehr Betriebe und Unternehmen reagieren auf diese gesellschaftlichen Entwicklungen, indem sie Abomodelle anbieten. Das Verlagswesen ist schon geraume Zeit mit dem Abomodell vertraut. NRC und Mather Economics gingen noch einen Schritt weiter. Wir legten den Schwerpunkt unseres Interesses auf das Anbahnen und Vertiefen von Kundenbeziehungen mit der Zielsetzung, diese Beziehungen werthaltig zu gestalten, sowohl für unseren Verlag als für die Kundschaft. Bei immer mehr Unternehmen sehen wir einen Trend hin zum Auf- und Ausbau von guten Kundenbeziehungen. Die Anerkennung der Bedeutung von echten, aufrichtigen und tragfähigen Beziehungen führt zu dem, was wir Relationship-Economy nennen.[4]

In der Relationship-Economy reicht es nicht aus, ein hervorragendes Produkt zu entwickeln oder die ‚Customer-Journey' bis ins kleinste Detail zu verstehen. Außerdem dreht es sich hierbei auch nicht in der Hauptsache um

Datenanalyse. Die Relationship Economy erfordert eine Umwälzung der Unternehmenskultur, fortan liegt der Fokus auf den Beziehungen zu realen Menschen, unterstützt von intelligenter Datenanalyse. Personal, das sowohl über Affinität zu Zahlen als auch über empathisches Einfühlungsvermögen verfügt, nimmt hierbei eine führende Rolle ein. Diese Mitarbeiter und Mitarbeiterinnen müssen in der Lage sein, ihre Ergebnisse und Einsichten in konkrete Verbesserungen für die Kundschaft umzusetzen.

In diesem Buch erfahren Sie, wie Sie Daten und Einfühlungsvermögen beim Aufbau von für beide Seiten werthaltigen Kundenbeziehungen gewinnbringend einsetzen können. Zum einen zeigen wir Ihnen, wie Sie effektiv mit Daten arbeiten, ohne sich in den schier unendlichen Möglichkeiten zu verirren, die durch den Big Data-Hype suggeriert werden. Zum anderen kombinieren wir zwei Fachgebiete, die sich nicht nur unabhängig voneinander entwickelt haben, sondern deren Methoden in der Regel auch unabhängig voneinander angewendet werden. Einerseits Datenanalyse, die als exakte Disziplin eingestuft wird, und von der wir die Ermittlung objektiver Einsichten erwarten. Andererseits das weite Feld des Kundenerlebnisses, der Customer-Experience, bei dem eine grundsätzlich andere Herangehensweise sowie im stärkeren Maße emotionsbasierte Instrumente zum Einsatz kommen, beispielsweise Einfühlungsvermögen und Methoden zur Ermittlung verborgener Bedürfnisse. Customer-Experience-Management wird oft als eine ‚weiche' Disziplin gesehen. Gerade Seniormanager machen sich häufig nicht klar, dass auch Kundenemotionen Fakten sind, die einen nicht unerheblichen Einfluss auf die Betriebsergebnisse haben können.

Wir haben herausgefunden, dass ein Zusammenwirken der beiden Fachgebiete Synergieeffekte mit sich bringt. Sobald

Customer-Experience quantifiziert wird, ist sie auch beherrschbar und wird der Effekt auf die Betriebsergebnisse sichtbar. Rechnerische Analysen erwachen dann zum Leben, wenn sie mit den Einsichten aus dem Customer-Experience-Management verknüpft werden. Insbesondere die Kundenbindung profitiert davon, wenn Produkte und Prozesse auf der Grundlage von Ergebnissen aus der Datenanalyse und tiefgreifendem Wissen über Customer-Experience verbessert werden.

Dieses Buch vermittelt Ihnen:

- wie Sie werthaltige Kundenbeziehungen aufbauen, die letztendlich auch Ihren Betrieb wachsen lassen
- wie Sie Kundenabwanderung verringern
- wie Sie mehr Kunden werben
- wie Sie ein effektives Datenteam zusammenstellen
- wie Sie mittels Daten etwas über Ihre Kunden erfahren
- welchen Einfluss Key-Performance-Indicators (KPI) auf die Firmenkultur haben
- wie Sie Big Data nutzen, ohne Opfer des Hypes zu werden
- wie Sie Daten in Taten umsetzen
- welche positiven Effekte die richtige Preispolitik hat
- wie Sie Kunden für dauerhafte Geschäftsbeziehungen werben
- wie Sie den Umgang mit treuen Kunden gestalten
- wie sie verborgene Bedürfnisse Ihrer Kunden in Erfahrung bringen.

Der Aufbau dieses Buches

Wir sind uns bewusst, dass sich unsere beruflich und privat eingespannte Leserschaft auf die jeweils für sie relevanten Themen konzentrieren möchte. Daher ist unser Buch in fünf Hauptabschnitte beziehungsweise Teile untergliedert, in denen für sich selbst stehende Erkenntnisse und Fallbeispiele dargestellt werden, die unabhängig voneinander gelesen werden können:

Teil 1: Lassen Sie die Daten für Sie arbeiten (und nicht gegen Sie)

Natürlich steckt in Big Data viel Potenzial, aber der Hype um dieses Thema lässt uns manchmal den Wald vor lauter Bäumen nicht mehr sehen. In diesem Teil lesen Sie, wie Sie ein Datenteam zusammenstellen, das in der Lage ist, Erkenntnisse in Ergebnisse zu transformieren, mit den richtigen KPIs zu arbeiten und sich nicht in den Fallstricken von Big Data-Projekten verheddert.

Teil 2: Entwickeln Sie werthaltige Kundenbeziehungen

In diesem Abschnitt erfahren Sie, wie Sie die Erkenntnisse Ihrer Datenanalyse nutzen können, um die richtigen Kunden zu werben – nämlich die, die sich langfristig binden lassen – und wie Sie diese Geschäftsbeziehung auf lange Sicht pflegen. Der Einfluss von Preis- und Angebotsgestaltung im Rahmen der Kundenwerbung sowie die Talente und das Auftreten Ihres Personals sind hierbei von entscheidender Bedeutung.

Teil 3: Beziehungen pflegen mittels optimalem Customer-Experience-Management

In Teil drei legen wir dar, wie Organisationen zu neuen Erkenntnissen kommen und Optimierungsprozesse in Gang setzen können, indem sie sich in ihre Kunden einleben. Außerdem vermittelt dieser Abschnitt einige Methoden, mit denen Sie sogenanntes Silodenken durchbrechen und sich die Unterstützung der Managementebene sichern können.

Teil 4: Analytische Werkzeuge

In Abschnitt vier werden die Konzepte aus den ersten drei Teilen um fünf analytische Werkzeuge erweitert, die Sie sofort anwenden können. Fallbeispiele aus der betrieblichen Praxis veranschaulichen den richtigen Einsatz.

Teil 5: Werkzeuge für das Customer-Experience-Management

Analog zum vorherigen Abschnitt finden Sie hier praktische Werkzeuge, die es Ihnen ermöglichen, die Wünsche Ihrer Kunden besser zu verstehen, bessere Produkte zu entwickeln und Prozesse zu optimieren.

Sie müssen dieses Buch nicht notwendigerweise chronologisch lesen. Wählen Sie die Abschnitte oder Kapitel aus, die Sie besonders interessieren. Nichtsdestotrotz empfehlen wir Ihnen, das Buch ganz zu lesen, denn die Konzepte und Ideen in diesem Buch bauen aufeinander auf.

Teil 1

Lassen Sie die Daten für Sie arbeiten (und nicht gegen Sie)

Die Arbeit mit Big Data bietet unendlich viele Möglichkeiten, was leider zu einem enormen Hype geführt hat. In diesem Kapitel zeigen wir Ihnen, wie Sie sicher durch das riesige Angebot manövrieren und Ihre Daten effektiv einsetzen: bauen Sie ergebnisorientierte Teams auf, nutzen Sie das Potenzial richtiger KPIs und verwenden Sie Ihre Daten so, dass Sie die Fallstricke, die uns der Hype beschert, umgehen.

1 Lassen Sie Ihre Datenteams aus dem Business leiten

Als ich vor einigen Jahren bei NRC meine Stelle als Leiter der Marketingabteilung antrat, stellte mir an einem meiner ersten Arbeitstage einer der Gesellschafter die Frage, ob wir das Data-Warehouse weiterhin betreiben sollten. Die Pflege des Data-Warehouse kostete jährlich eine halbe Million Euro, mal ganz abgesehen von den vielen Millionen Euro, die für die jahrelange Entwicklungsarbeit des Analystenteams in den Aufbau der Datenbank geflossen waren. Niemand konnte mir sagen, welchen Nutzen das Data-Warehouse dem Unternehmen nun eigentlich brachte.

Ich beschloss mich mit dem Mitarbeiter zu unterhalten, der das System verwaltete. Das Gespräch mit diesem Datenanalysten – einem sehr intelligenten Mann mit umfangreicher Erfahrung – verlief ziemlich mühsam. Er erzählte mir ausführlich, welche Daten zur Verfügung stünden, welche bemerkenswerten Zusammenhänge er herausgearbeitet habe und welch beeindruckende Diagramme man generieren könne. Als ich schließlich fragte, welchen praktischen Nutzen all die Daten hätten, erwiderte er, so könne man die Frage nicht formulieren. Ich fand das Ganze ziemlich merkwürdig.

Also sprach ich mit den Marketingspezialisten. Die waren sich einig, dass man mit dem Data-Warehouse tolle Sachen machen konnte. Diese fanden allerdings keinerlei Verwendung in ihren Strategien, da sie keine Ahnung hatten, wie sie diese Erkenntnisse einsetzen sollten. Absurd! Nach zehn Tagen war ich soweit, das Data-Warehouse auf non-aktiv zu setzen, es kostete schließlich haufenweise Geld.

Im Rückblick ist mir klar, was sich damals abspielte, außerdem weiß ich inzwischen, dass viele Unternehmen mit dem gleichen Problem kämpfen. Ein kleines analytisches Team ist sich des Potenzials von Daten bewusst. Dieses Team bekommt ein Budget und schließt sich zusammen mit anderen Fachleuten ein, um dann ein paar Monate später mit der Mitteilung zum Vorschein zu kommen, sie hätten etwas total Cooles entwickelt, das die Firma weiterbringen würde. Leider ist der Rest der Firma viel zu sehr damit beschäftigt, Produkte an den Mann oder die Frau zu bringen, Kunden zu besuchen und clevere Marketingaktionen zu planen, als sich damit auseinandersetzen zu können. Man hat die Erkenntnisse nicht angefordert und sieht darin auch keinen Nutzen. Schließlich arbeitet man schon seit Jahren auf der Grundlage eigener Erfahrung und vertraut darauf. Man lässt sich doch nicht von ein paar Nerds, die ein paar Einsen und Nullen kombiniert und ein paar schicke Grafiken aus dem Hut gezaubert haben, in die bewährte Arbeitsweise reinpfuschen.

Einige Jahre später bauten wir ein neues Data-Warehouse auf, dieses Mal wurde das Projekt von Marketingspezialisten und Mitgliedern des Sales-Teams anstatt von Analysten geleitet.

– Xavier van Leeuwe

Dieses Beispiel illustriert die klassische Kluft zwischen der Verkaufs- und der IT-Abteilung, zwischen Praxis und Analyse. Wenn wir einen Schritt zurücktreten und das Ganze mit etwas Abstand betrachten, wird uns klar, wo das Problem liegt. Analysten beschäftigen sich gern mit der Datenarchitektur, den Variablen und den Zusammenhängen. Ihr Fokus liegt auf dem ‚Was'. Einige wenige Analysten gehen noch einen Schritt weiter und kommen so in die Nähe des ‚Warum'. Sie generieren Erkenntnisse und suchen nach der Antwort auf die Frage „warum geschieht etwas?". Wenn Sie die Antwort einmal gefunden haben, sind sie zufrieden. Das erklärt auch, warum Analysten so begeistert darüber sprechen können, was ein Unternehmen von Daten lernen kann. Sie bekommen Energie von Erkenntnissen, die sich aus Daten ziehen lassen. Nur Lernen allein reicht leider nicht. Wir wollen wissen, was die Daten für unser Unternehmen bewerkstelligen können.

Zentralisiertes versus dezentralisiertes Datenteam

Es gibt zwei Möglichkeiten, ein datengesteuertes Unternehmen zu gestalten. Bei der ersten baut man eine zentralisierte Datenabteilung auf. Das hat wesentliche Vorteile. Eine solche Abteilung ist sehr effizient, da man verschiedene Typen von Analysten auf ihrem Spezialgebiet brillieren lassen kann: Datenarchitektur, Datenbankdesign, Berichterstellung, deskriptive Datenanalyse, prädiktive Datenanalyse und Visualisierung. So sind alle Aspekte der Datenabteilung mit exzellenten Kräften besetzt. Außerdem kann es keine Streitereien darüber geben, wem denn nun die Daten ‚gehören' – manche Abteilungen erheben in puncto Daten regelrecht Besitzansprüche – außerdem wird an zentraler Stelle, und nur dort, über Definitionen und technische Spezifikationen entschieden. So gelten für den gesamten Betrieb die gleichen Vereinbarungen und Standards.

Allerdings haben zentralisierte Datenteams die Neigung, zwar sehr effizient, nicht jedoch effektiv zu sein mangels ausreichender Vernetzung mit dem operativen Geschäft. Die Schwachstelle jeder zentralisierten Datenabteilung ist die Kommunikation, besser gesagt die unzureichende Kommunikation mit dem restlichen Unternehmen. Die Teams mit ihren häufig sehr fähigen Mitgliedern stehen viel zu wenig in Kontakt mit dem Betriebsalltag. Ihre Erkenntnisse werden daher im günstigsten Fall als ungebetene Ratschläge erfahren.

Hier ein Beispiel: ein guter Analyst kann anhand eines Prognosemodells und einer bestimmten Datenmenge mit ziemlicher Sicherheit vorhersagen, bei welcher Kundengruppe die Kündigungswahrscheinlichkeit am höchsten ist. Wenn diese Erkenntnis jedoch nicht in konkrete Maßnahmen mit dem Ziel die Kündigungen zu verhindern umgesetzt wird, beispielsweise durch eine proaktive Kontaktaufnahme zu diesen Kunden, wird sie in keinerlei Weise zur Verbesserung der Firmenergebnisse beitragen. Manche Analysten scheinen dem Irrglauben anzuhängen, ein analytisches Modell an sich verbessere die Ergebnisse, aber das ist natürlich eine Illusion. Andere wiederum sind frustriert, weil ihre Modelle vom Unternehmen weder mit offenen Armen empfangen noch entsprechend gewürdigt werden.

Ein echter Schwachpunkt der Datenanalyse, insbesondere bei zentralisierten Teams, ist die Umsetzung der Erkenntnisse in praktische Maßnahmen. Wenn sie nicht zu besseren Produkten, effektiveren Kampagnen oder einer höheren Kundenzufriedenheit führen, haben Analysen einfach keinen Mehrwert. Zentralisierte Datenteams können analytisch noch so effizient sein, wenn die Analysen keine konkreten Ergebnisse nach sich ziehen, erzielen sie keine Wirkung und sind somit nicht effektiv.

Kommen wir zu der anderen Methode, ein Unternehmen datenzentriert operieren zu lassen. Bei NRC machten wir in den Marketing- und Sales-Abteilungen einige fähige Leute mit einer gehörigen Portion analytischen Denkens ausfindig. Wir beauftragten sie damit, die Datenteams anzuleiten. Für diese Mitarbeiter und Mitarbeiterinnen ist es die natürlichste Sache der Welt, auf eine Verbesserung der Unternehmensergebnisse hinzuarbeiten. Auf ihrem Schreibtisch landen täglich Berichte über die Finanzen, Verkaufszahlen, Konversionsraten sowie allerlei andere Geschäftszahlen ihrer Abteilung oder des Gesamtunternehmens. Auf diese Weise verfügen sie über das notwendige Kontextwissen und sind über die Probleme, die das Topmanagement um den Schlaf bringt, bestens im Bilde.[5] Finden Sie unter Ihren Fachkräften im Projektmanagement, Marketing, in der Produktentwicklung oder dem Sales-Personal geeignete Kandidaten mit ausgeprägtem analytischem Denkvermögen. Finden Sie heraus, was Ihr Personal in der Freizeit tut, was sie studiert haben und denken Sie darüber nach, was ihnen Energie gibt.

Sobald Sie dann die richtigen Personen gefunden haben, sollten Sie den großen Schritt wagen. Übergeben Sie die Führung des Datenteams an jemanden aus der Mitte des Unternehmens und stellen Sie dabei sicher, dass das Team in engem Kontakt steht oder sogar Teil der Abteilung ist, für die es Analysen durchführt.

Wenn solche Datenteams die Möglichkeit erhalten, ihren eigenen Kurs zu fahren, werden sie von selbst darauf ausgerichtet sein, relevante Erkenntnisse zu erarbeiten und positive Effekte auf das Firmenergebnis zu erzielen. Sie werden die richtigen Fragen stellen und die Ergebnisse ihrer Analysen in konkrete Aktionen übertragen. Genau dieser letzte Schritt ist es, der Mehrwert generiert.

Diese dezentral organisierten Datenspezialisten kann man mit Ein-Personen-Armeen vergleichen, ein Telecom-Analyst nannte sie einmal seine ‚Daten-Rambos'. Sie sind eben keine Fachleute in einem bestimmten analytischen Spezialgebiet, sondern ‚horizontal' ausgerichtete Analysten.[6] Sie kennen die Grundprinzipien der verschiedenen Analysemöglichkeiten und können diese jeweils dann anwenden, wenn es relevant ist. Ihr Fachwissen wird optimal genutzt und sie kennen den Kontext, für den ihre Analysen eingesetzt werden.

Die große Herausforderung dieses Ansatzes liegt darin, die Mitarbeiter und Mitarbeiterinnen der Verkaufsabteilungen für Daten, Datenanalyse und IT zu interessieren. Leute aus dem Marketing und der Sales-Abteilung sind es nicht gewöhnt, mit relationalen Datenbanken zu arbeiten oder über das Design von Berichten, über Datenvisualisierung oder über prädiktive Analysen nachzudenken. Wenn man mit Daten arbeitet, muss man wissen, wie man sie generiert und bereit sein, sich mit der Welt der IT auseinanderzusetzen: mit Datenbankstrukturen, Softwarelösungen und den Leuten, die in dieser Welt damit ihr Geld verdienen. Wenn die IT-Abteilung und die Verkaufsteams gemeinsam Projekte durchführen und eine Beziehung zueinander aufbauen, erweist sich das für eine erfolgreiche Datenarbeit als überaus wertvoll: das Unternehmen wird noch lange die Früchte hiervon ernten.

2 Nutzen Sie das Potenzial von KPIs

An meinem ersten Arbeitstag bei NRC wurde ich von meinem Vorgesetzten durch den Betrieb geführt. Nach einer kurzen Einführung in die Bedienung des Kaffeeautomaten und einem Smalltalk über das vergangene Wochenende zeigte er mir meinen neuen Arbeitsplatz. Mein Schreibtisch hatte innerhalb der Marketingabteilung einen schönen Platz am Fenster, umgeben von den Schreibtischen meines zukünftigen Teams.

An der Wand dahinter hing ein großes Poster mit der ins Auge springenden Aufschrift ‚HOI+1'. Ich nahm an, dass es sich um irgendeinen firmeninternen Witz handelte und fragte meinen Vorgesetzten, was das zu bedeuten habe. Zunächst lächelte er, dann zog er die Stirn in Falten und sah mich etwas befremdet an. Ich bekam den Eindruck, er sei kurz davor, mich wieder nach Hause zu schicken.

Noch am selben Tag fand ich heraus, dass HOI für ‚Het oplage Instituut' steht, dem niederländischen Äquivalent der deutschen IVW, also für eine Organisation, die mit standardisierten Prüfverfahren Medienauflagezahlen ermittelt, in diesem Fall Printmedien wie Zeitschriften und Zeitungen, ebenso vergleichbar mit der WEMF in der Schweiz oder der ÖAK in Österreich. 2015 fusionierte das HOI mit der Stiftung NOM, die sich bis dahin mit den Zahlen zur Reichweite von Medien beschäftigte. Außerdem wurde mir ziemlich schnell bewusst, dass es in der Marketingabteilung von NRC genau einen KPI gab und der lautete: die Auflage, so wie vom HOI definiert, muss steigen. Da der Zeitschriftenmarkt schrumpfte, war zur Erreichung dieser Zielsetzung bereits eine Auflagensteigerung um ein Exemplar (+1) ausreichend. Alles war gut, wenn nur die NRC-Zahlen im Vierteljahresbericht grün waren!

Damals erschien mir das logisch. Im Zeitungssektor dreht sich alles um Auflagenzahlen. Wenn die Auflage steigt, lesen mehr Menschen die Zeitung, hat sie größeren gesellschaftlichen Einfluss, vergrößert sich ihre Reichweite und bezahlen Werbekunden höhere Preise. Die Auflage war (und ist) der wichtigste KPI für alle Zeitungen in den Niederlanden, in Europa und weltweit, und das seit Jahrhunderten.

– Matthijs van de Peppel

Die Definition falscher KPIs kann zu bizarren Entscheidungen führen

Jeder Sektor hat spezifische Methoden, um die erreichte Zielgruppe zu beziffern. In der Fernsehwelt beispielsweise dreht sich alles um die Einschaltquote, im Online-Sektor orientiert man sich an den von comScore erhobenen Daten, u.a. zur Reichweite, und in der Nachrichtenbranche geht es um die Auflagezahlen. Stellt sich die Frage: Bescheren diese KPIs den Unternehmen auch den erhofften Erfolg?

Über viele Jahre war die vom HOI ermittelte Auflagenhöhe der Motor hinter der täglichen Arbeit der NRC-Marketingabteilung. Jeder einzelne legte sich wie verrückt ins Zeug, um die offiziellen Auflagezahlen zumindest ein klein bisschen steigen zu lassen. Diese einseitige Festlegung hatte bizarre Auswüchse zur Folge.

Wir konzentrierten uns dermaßen stark auf den Anstieg der Auflage, dass ausnahmslos jede Aktion dazu führen sollte, dass mehr Zeitungen gedruckt wurden. Es gab quasi kein anderes Ziel mehr. Alles Weitere war uns ziemlich egal. Was mit den Zeitungen passierte, ob sie tatsächlich gelesen wurden oder nicht und ob wir damit wirklich bessere Unternehmensergebnisse erzielten, das alles war von untergeordnetem Interesse. Gelegentlich ging es soweit, dass wir unsere Zeitung Leuten aufdrängten, die sie gar nicht haben wollten, nur damit sich die offizielle Auflage erhöhte. Im Folgenden erläutern wir anhand von vier Beispielen, welche falschen Entscheidungen aufgrund der einseitigen Konzentration auf die Auflagenzahlen getroffen wurden.

NRC bot die Möglichkeit eines Wochenendabonnements mit zwei Ausgaben, die Zeitung wurde dann am Freitag und am Samstag zugestellt. Die Abonnenten, die sich für dieses Modell entschieden, hatten dafür sicherlich gute Gründe. Wir aber, clevere Marketingspezialisten, die wir waren, erweiterten dieses Modell um einen Tag. Wir teilten den Abonnementen mit, dass sie die Zeitung zukünftig auch am Donnerstag erhielten und begründeten das Ganze mit einer netten Geschichte über unser erneuertes Kulturmagazin, das donnerstags beilag. Dieses zusätzliche Angebot war die ersten Monate kostenlos. Das hörte sich erst einmal toll an und steigerte – zunächst – auch die Auflage. Es erwies sich jedoch als schlechte Entscheidung. Die Abonnenten hatten sich diese Änderung nicht gewünscht und waren auch nicht zufrieden damit.

Das nächste Beispiel ist die Provision für die Mitglieder des Verkaufsteams. Wenn sie ein Vollabo mit täglichem Bezug statt eines Wochenendabonnements verkauften, bekamen sie einen viel höheren Verkaufsbonus. Selbstverständlich war das so geregelt, weil ein Vollabonnement mit sechs Druckausgaben pro Woche für eine höhere Auflage sorgte als das Wochenendabo mit zwei. Die Konsequenz davon? Das Verkaufsteam versuchte um jeden Preis Vollabos an den Mann oder die Frau zu bringen. Wenn potenzielle Kunden durchblicken ließen, dass sie eigentlich nur am Wochenende Zeit zum Zeitunglesen hätten, kam vom Verkaufsteam die Erwiderung: „Glauben Sie mir, das Vollabo ist ein viel besseres Angebot. Die Montag- bis Donnerstagausgabe bekommen sie beinahe gratis dazu. Und zur Not tun Sie die einfach ins Altpapier."

In einigen Fällen setzten wir sogar die Beziehung zu unseren Bestandskunden aufs Spiel, nur um die Auflage zu steigern. Auch wir boten unseren Abonnenten einen Urlaubsservice an, also das Pausieren der Zeitungszustellung während des Urlaubs. Diesen Service gestalteten wir möglichst unattraktiv, indem wir eine Bearbeitungsgebühr von 10 Euro einführten und dafür sorgten, dass der Service auf der Website möglichst unauffällig platziert wurde und damit schwierig zu finden war. Durch den Zustellungsstopp würde schließlich – zumindest temporär – die Auflagehöhe sinken. Diese Hürden sorgten dafür, dass viele unserer Kunden, während sie verreist waren, die Zeitung trotzdem auf ihrer verwaisten Heimatadresse erhielten. Gut für unsere Auflagezahlen, das schon. Wir bekamen aber auch viele Beschwerden von Abonnenten, die sich darüber ärgerten, dass sie noch extra dafür bezahlen mussten, die Zeitung *nicht* zugestellt zu bekommen.

Und schließlich verschenkten wir unsere Zeitung an Leute, die eigentlich überhaupt kein Interesse daran hatten. Hierbei setzten wir das unwiderstehliche Wörtchen „gratis" ein: wir boten ein kostenloses Probeabo an. Es gibt viele Leute, die einfach alles annehmen, solange es nur gratis ist. Es erschien uns daher eine besonders effektive Methode zur Steigerung der Auflagehöhe.

Im Nachhinein scheint es uns logisch, dass diese Maßnahmen nicht nur irrational, sondern sogar schädlich waren. Die Kundenbedürfnisse wurden komplett ignoriert und es bedarf keines hochdotierten Statistikers, um den Negativeffekt dieser Aktionen vorhersagen zu können. Und der bewahrheitete sich. Ein Drittel der Wochenendabonnenten kündigte das Abo, da sie keinen zusätzlichen Tag aufgezwungen bekommen wollten. Die Neuabonnenten eines aufgeschwatzten Vollabos beendeten es bald danach wieder, weil sie einfach nicht jede Woche fünf Zeitungen ins Altpapier werfen wollten. Der überwiegende Teil der Probeabonnenten setzte das kostenlose nicht in ein bezahltes Abo um. All diese Aktionen kosteten viel mehr, als sie letztendlich einbrachten. Nicht einmal die Werbekosten plus Druck- und Auslieferungskosten wurden wieder hereingeholt. Bestandskunden, die es nicht einsahen, für den Urlaubsservice bezahlen zu müssen, kündigten ihr Abonnement, bevor sie in die Ferien fuhren. In vielen Fällen schlossen sie nach dem Urlaub kein neues Abo ab, und wir verloren unsere treuen Kunden.

Am verwunderlichsten ist vielleicht die Tatsache, dass es Jahre dauerte, bis wir einsahen, dass diese Maßnahmen den Betrieb kein Stück voranbrachten. Die Auflage stieg schließlich, die ‚HOI-Zahlen' waren im grünen Bereich, die Entwicklungskurven der Graphiken, die hinter unseren Schreibtischen hingen, zeigten einen Aufwärtstrend. Kurzum, die Redaktion war zufrieden.

Erst einige Jahre später, als unser Zauberkasten längst keine neuen Tricks mehr hergab, um die Auflagenhöhe zu steigern, wagten wir die Zielsetzung ‚HOI+1' in Frage zu stellen.

Ermitteln Sie KPIs, die sich auf die tatsächlichen Erfolgsfaktoren Ihres Unternehmens beziehen

Als wir der harten Realität ins Auge sahen, mussten wir unseren einzigen und damit heiligen KPI einer kritischen Beurteilung unterziehen. War die Auflage wirklich der alles entscheidende Faktor für NRC?

Wir mussten feststellen, dass diese Annahme nicht aufging. Die Produktion einer größeren Anzahl Zeitungen führt langfristig nicht zu einer Gewinnsteigerung. Durch eine steigende Auflage nimmt die Reichweite der Zeitung nicht zwangsläufig zu. Mit anderen Worten: eine Auflagensteigerung resultiert nicht grundsätzlich in einem gesünderen Unternehmen. Die Korrelation zwischen Zeitungsauflage und der Gesundheit des Zeitungsunternehmens war in den Zeiten gegeben, als das Vollabo noch der Standard war und fast jeder dafür auch den vollen Preis bezahlte; zu der Zeit, als Teil- und Digitalabos noch nicht existierten. Heutzutage setzt sich die Auflage in der Regel aus diversen Abomodellen mit spezifischen Gewinnmargen zusammen. Zur Illustration: Ein Samstagsabo zum vollen Preis weist eine bessere Marge auf als ein fünfwöchiges Probeabo für alle Tage der Woche zum Preis von 10 Euro (ein gängiges Angebot). Wenn man jedoch nur die Auflage betrachtet, ist das Vollabo zur Probe sechsmal besser als das Samstagsabo zum vollen Preis.

Früher waren mehr gedruckte Zeitungen gleichbedeutend mit einer größeren Reichweite und höheren Werbeeinnahmen. Heutzutage sinken die Werbeeinnahmen der Zeitungen, unabhängig von steigenden oder sinkenden Auflagezahlen, vor allem aufgrund der wachsenden Konkurrenz, das heißt der zunehmenden Werbemöglichkeiten im Online-Segment. Auflage und Werbeumsatz weisen nur noch eine schwache Korrelation auf.

Als uns dies schließlich bewusst wurde, verabschiedeten wir uns von NRC's einzigem KPI, der seit 1882 wichtigsten Erfolgskennzahl. Der schwierigste Teil kam danach: die Definition neuer KPIs. In unserem Sitzungsraum debattierten wir stundenlang über folgende Fragestellung: „Wenn nicht die Auflagezahlen des HOI die Gesundheit unseres Unternehmens widerspiegeln, was dann?"

Das Betriebsergebnis eines Unternehmens wird in der Regel mit EBITDA widergegeben (Ergebnis vor Zinsen, Steuern und Abschreibungen). Eine hervorragende betriebswirtschaftliche Kennzahl, in der Praxis aber nur bedingt hilfreich. Schließlich kann man die Marketingabteilung nicht auffordern, sie möge doch bitteschön mehr EBITDA generieren. Was verbirgt sich also unter der Oberfläche?

Um das herauszufinden, haben wir das von Jim Collins beschriebene ‚Hedgehog-Konzept' verwendet.[7] Wir machten uns auf die Suche nach einer Maxime, für die wir uns begeistern konnten, die versprach finanziellen Mehrwert zu generieren und die uns die Möglichkeit eröffnete, uns zu den Besten zu entwickeln. Wir führten lange und durchaus heftige Auseinandersetzungen, bevor wir schließlich eine gemeinsame Zielvorstellung fanden, bei der die Bedeutung von wertigen Kundenbeziehungen an erster Stelle steht.

Die Beziehung zwischen NRC und ihren Leserinnen und Lesern ist der Kernwert des Unternehmens. Und diese Beziehung muss echt sein. Schlichtweg eine Zeitung liefern und sonst nichts, das zählt nicht. Es muss eine ernsthafte Beziehung sein, eine, die auf Gegenseitigkeit beruht und beiden Parteien etwas bedeutet, so wie im Privatleben.

Ausgehend von dieser Betrachtungsweise entstand der Begriff ‚Kernbeziehung'.

Eine Kernbeziehung hat sowohl für das Unternehmen als für den Kunden oder die Kundin einen positiven Wert. Die Berechnung ist denkbar einfach: Jeder Abonnent zählt eins, ein Samstagsabo wird also nicht wie bei der Auflageermittlung des HOI durch sechs geteilt; alle Abos, die mehr kosten als sie einbringen, wie automatisch endende Probeabos, werden nicht mitgezählt.

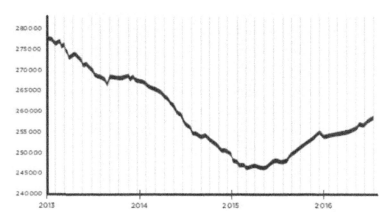

NRC-Kernbeziehungen zwischen 2013 und 2016

KPIs bestimmen die Unternehmenskultur

Die Veränderung scheint minimal zu sein. Kernbeziehung oder Auflage: es wirkt zunächst wie zwei verschiedene Bezeichnungen für ein und dasselbe. Und doch hatte diese Veränderung einen immensen Effekt. Die Modifikation der wöchentlichen Geschäftsberichte war das Entscheidende; sie sorgte für eine regelrechte Wende in der Unternehmenskultur. Sobald die Berichte von Kernbeziehungen handelten, veränderte sich der *Mindset*, d.h. die innere Einstellung des Personals. Die Marketingabteilung, die sich bis zu diesem Zeitpunkt vor allem darüber Sorgen gemacht hatte, wie viele Abos täglich verkauft wurden, fing an, sich um die Beziehungen zu bestehenden und neuen Kunden zu kümmern.

Mit einem Mal war unser Callcenter die interessanteste Abteilung des ganzen Unternehmens. Das Kundenservice-Personal arbeitete den ganzen Tag an der Beziehung zu unseren Kunden. Wir schafften Vereinbarungen und Vorschriften ab, die sich negativ auf die Kundenbeziehungen auswirken konnten, und wir verbesserten unseren Service und unsere Kommunikation. Jede einzelne Kernbeziehung wurde als vollwertig eingestuft, fortan lag der Nachdruck nicht mehr auf den Vollabonnenten. Von nun an wurde der Urlaubsservice kostenlos angeboten, darüber hinaus wurde er in der Zeitung und per E-Mail beworben. Die Höhe der Provision pro verkauftem Abo war nicht mehr von der Form des Abos abhängig. Beim Aboverkaufsteam führten wir eine eigene Version des Starbucks-Systems namens LATTE (listen, acknowledge, take action, thank & explain) ein.[8] Wir brachten unserem Personal bei, den Kunden **zuzuhören**, deren Wünsche und Bedürfnisse zu **erkennen** und diese anschließend in **Aktionen** umzusetzen, nämlich den Kunden ein passendes Abonnement anzubieten, sich bei ihnen zu **bedanken** und ihnen die folgenden Schritte zu **erklären**. Hierdurch sind Neukunden mit ihrem Abonnement zufriedener und behalten es länger.

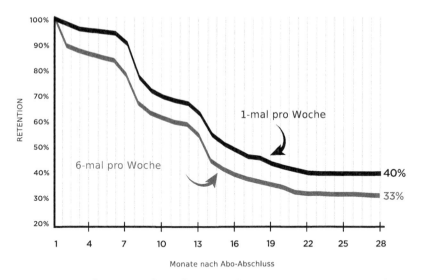

Retentionsanalysen ergaben, dass Neuabonnenten mit einem Wochenend-Abo loyaler sind. Da ein Vollabo allerdings sechsfach in die HOI-Auflagenzahlen eingeht, hatten wir auf den Verkauf von Vollabo gesetzt, obwohl es für viele unserer Kunden nicht das ideale Abomodell war.

Wir untersuchten die Daten nach bestimmten Mustern, um herauszufinden, welche Produkte oder Promotion-Aktionen Kernbeziehungen generieren. Wir analysierten zum ersten Mal, wie es nach Abschluss eines Abonnements weiterging. Jedes Jahr nahmen zwanzigtausend Kunden Änderungen an ihrem Abonnement vor, das nicht mehr ihren Bedürfnissen entsprach. Neuabonnenten mit einem Wochenendabo behielten ihr Abo durchschnittlich länger, hatten also eine höhere Kundenbindungsrate als Kunden mit einem Vollabonnement, weil eine Zeitungsausgabe pro Woche schlichtweg besser zu ihrem eingespannten und aktiven Leben passte.

Außerdem erwiesen sich die Verkaufszahlen als weniger eindeutig, als es zunächst schien. Als Folge des als zu aufdringlich empfundenen Verkaufsverhaltens einiger Werber lösten mehr als zehn Prozent der Neukunden innerhalb eines Monats ihren Abovertrag wieder auf. Uns wurde klar, wie uns Daten näher zu unseren Kunden und ihren Bedürfnissen bringen können. Die niedrige Retention bei Vollabos machte uns deutlich, dass wir unseren Kunden nicht die Abos verkauften, die ihren Bedürfnissen entsprachen. Wir hatten die Wünsche unserer Kunden nicht gut genug wahrgenommen.

Kurzum, die Einführung des neuen KPI war der Beginn einer Unternehmenskultur, bei der wir unseren Kunden zuhören wollten, anstatt ihnen unseren Willen aufzudrängen. Ab diesem Zeitpunkt strengten wir uns täglich aufs Äußerste an, die Customer-Experience zu verbessern und die Anzahl der Kernbeziehungen zu erhöhen. Die Neukundenjagd gehört für uns der Vergangenheit an, stattdessen investieren wir zum einen in die Zufriedenheit unserer Bestandskunden und zum anderen richten wir uns auf Neukunden mit der Bereitschaft eine Kernbeziehung mit NRC einzugehen. Für die Umsetzung dieser Strategie benötigen wir Einsichten in das Wesen unserer Kunden, in ihre Bedürfnisse und wie sie sich in der Kernbeziehung zu NRC verhalten. Die folgende

Tabelle verdeutlicht, wie der neue KPI eine Kulturveränderung bewirkt hat.

	HOI-Auflagenzahlen	Kernbeziehung
Wichtigste Zahlen	Verkaufszahlen, Umsatz pro Transaktion	Retention, Customer-Lifetime-Value
Personal	Ausrichtung auf Konversion, von den Wünschen des Management gesteuert	Kundenorientierung, von den Kundenwünschen gesteuert
Motivation	Verdienst	zwischenmenschliche Beziehungen eingehen und so eine Mission erfüllen
Interaktion	minimal: ein Produkt liefern	essenziell: den Kunden ernst nehmen und regelmäßigen Kontakt unterhalten
Arbeitsweise	Im Rahmen von Silos, Ausrichtung auf eigene Zielsetzung	Zusammenarbeit zwischen den Silos, Ausrichtung auf Kundenerlebnis
Schwerpunkt/Fokus	individuell, vertikal, nach innen gerichtet, kurzfristig	auf andere gerichtet, horizontal, nach außen gerichtet, nächstes Jahr
Service	wenig Zeit für den Kunden, Ad-hoc-Schwierigkeiten lösen (Feuerwehrmann spielen)	ernstgemeinte Aufmerksamkeit für den Kunden, Service bieten
Markenimage	mittels Werbekampagnen	mittels Mund-zu-Mund-Propaganda
Vergütungssystem	Transaktion, Quantität	Customer-Lifetime-Value, Qualität
Akquisition	möglichst viele Kunden, keine Kaufhürden, Vertriebstrichter mit weiter Öffnung, aufdringlich	orientiert auf die richtigen Kunden, intelligente Kaufanreize, Interesse zeigen, Personal motivieren als Marken-Unternehmensbotschafter aufzutreten, ausgerichtet auf Kundenwünsche

Neue KPIs führen zur Kulturveränderung im Unternehmen

Saurer Apfel

Der neue KPI hatte jedoch auch drastische Auswirkungen auf die HOI-Auflagenzahlen. Anhand der Daten hatten wir ermittelt, dass kündigungsfreie Probeabos nur sehr bedingt zu Kernbeziehungen führen (später mehr zu diesem Thema), also endschieden wir uns, dieses Abomodell auslaufen zu lassen. Nachdem diese Entscheidung umgesetzt worden war, platzte innerhalb weniger Wochen die gigantische Seifenblase namens Probeabo und die Auflagezahlen rutschen um Tausende in den Keller.

Wir wussten natürlich, dass dies eintreten würde, außerdem wussten wir, dass es keine negativen Folgen auf das Betriebsergebnis haben würde, da Probeabos uns mehr kosteten als sie einbrachten. Darüber hinaus war uns klar, dass diese Entscheidung auch auf lange Sicht nicht zu weniger Lesern führen würde. Außer einer kleinen Gruppe von Eingeweihten wusste die gesamte Belegschaft sowie die Menschen außerhalb von NRC jedoch nichts von diesem Kurswechsel in der Unternehmenspolitik, seinem Hintergrund und den damit verbundenen Auswirkungen. Wie hätten wir das auch bewerkstelligen sollen?

Selbst wenn wir umfassend über die neuen KPIs mit Presseberichten und Memos informiert hätten, wären noch Jahre ins Land gegangen, bevor der mentale Abschied von dem 189 Jahre alten Konzept vollzogen gewesen wäre. Hinzu kam, dass NRC die einzige niederländische Tageszeitung war, die Probeabos vollständig aus dem Angebot genommen hatte.

Wir mussten uns buchstäblich durch den sauren Apfel hindurch beißen und viel Kritik abwehren. Die Redaktion äußerte offene Kritik an den Fähigkeiten der Marketingabteilung. Wie war es möglich, dass die beste Zeitung der Niederlande einen derart großen Auflageneinbruch verzeichnete?

In einer solchen Situation ist die Rückendeckung des Topmanagements unverzichtbar. Unabhängig vom Markt und vom Unternehmen, die Einführung von neuen KPIs verläuft nie widerstandslos, insbesondere, wenn langjährig hantierte Maßstäbe fallen gelassen werden. Man braucht gute Argumente, ein dickes Fell und Unterstützung vom Management, um die unweigerlich aufkommende Kritik hantieren zu können.

Neue KPIs in Ihrem Sektor

Die geschilderten Lektionen gelten auch für jeden anderen Sektor. Bei der Betrachtung unterschiedlicher KPIs fällt auf, dass auch in anderen Bereichen merkwürdige Dinge passieren.

Für Websites beispielsweise war über viele Jahre die Anzahl der Besucher beziehungsweise der Klicks der wichtigste KPI. Das führte zu dem Phänomen des sogenannten Clickbait (Klickschinderei oder auch Klickfang). Links zu Inhalten im Internet, beispielsweise auf Facebook, wurden gezielt aufbereitet, d.h. extrem verbal angepriesen, um möglichst viele Klicks zu erzielen. Allerdings korrespondierte der Text des Links dabei immer öfter nicht mehr mit dem Inhalt der Artikel. Darüber hinaus wurde Content ausschließlich zu dem Zweck, Klicks zu erzielen, generiert. So wurden wahllos Besucher auf Websites gelockt, die sie schnell wieder verließen und für Anzeigenkunden nicht interessant waren, sehr wohl aber in den offiziellen Besuchsstatistiken mitgezählt wurden. Mittlerweile ist die Besuchsdauer ein wichtiger Indikator, Clickbait ist nahezu bedeutungslos geworden.

Viele Webshops veröffentlichen täglich eine Liste der zehn meistverkauften Produkte. Das kann dazu führen, dass man sich auf Produkte mit hohen Verkaufszahlen konzentriert, die häufig jedoch Lockangebote sind: billige Produkte mit einer kleinen Marge.

Ein anderes Beispiel stammt von Jimmy de Vreede von DataSherpa, der viel für den Einzelhandel tätig ist. Im Einzelhandel wird die Entscheidung, ein Produkt aus dem Sortiment zu nehmen, in der Regel auf der Grundlage von Umsatz, Volumen und Marge getroffen. Der Kunde hinter dem Produkt wird außer Acht gelassen, so kann das Umgekehrte wie bei Webshops eintreten. Ein Produkt mit einer kleinen Marge und geringem Umsatzvolumen kann nämlich durchaus ein sehr profitables Geschäft sein, wenn es Kunden anzieht, die mehr als nur dieses eine Produkt kaufen. Wenn ein Produkt jedoch auf Grundlage falscher KPIs aus dem Sortiment genommen wird, läuft ein Geschäft das Risiko, wertvolle Kunden zu verlieren, die gerade wegen des verlustbringenden Produkts den Laden aufsuchten.

KPIs sind die treibende Kraft hinter zahlreichen Organisationskulturen und reflektieren, wie Unternehmen gemanagt werden. Trauen Sie sich, die Frage zu stellen, ob die KPIs Ihrer Organisation auch wirklich die Gesundheit des Unternehmens repräsentieren. Wenn dies nicht der Fall ist, nehmen Sie sich die Zeit, nach neuen KPIs zu suchen. Wenn Sie diese finden, zögern Sie anschließend nicht, Systeme, Daten, Berichte und Analysen daran anzupassen. Sie werden von der Wirkung überrascht sein.

3 Fallen Sie nicht auf den Big-Data-Hype rein

Auf Kongressen, in Direktionszimmern und unzähligen Marketingabteilungen hat sich Big Data in den vergangenen Jahren zu einem der populärsten Themen entwickelt. In der vorherrschenden Meinung lautet das oberste Ziel: über jedermann jederzeit alles wissen. Auch ich teilte dieses Credo. Die Entwicklung eines möglichst vollständigen Kundenprofils stand auch auf meiner Prioritätenliste ganz oben.

Bis zu jenem bestimmten Wochenende, an dem ich meine Eltern besuchte. Sie wohnen in einem kleinen Dorf auf dem Land und ab und zu unternehmen sie einen tapferen Versuch zu verstehen, was meine Brüder und ich beruflich eigentlich genau machen. Ich versuchte ihnen zu erklären, dass ich gerade mit einem neuen Projekt befasst war, bei dem es darum ging, möglichst viele persönliche Daten von den Abonnenten und Websitebesuchern zu sammeln – viel mehr Daten als nur die Kontaktdaten und die Lieferanschrift für das Abo. Was lesen sie? Wie hoch ist das Einkommen? Familienstand, Kinder? Ausbildung, höchster Schulabschluss? Alter? Persönliche Interessen? Welche Marke hat ihr Computer? Wir würden Kundenprofile anlegen mit einem möglichst vollständigen Bild aller Kundeninformationen. Wir wollten über jedermann jederzeit alles wissen.

Irgendwann fragte meine Mutter schüchtern: „Vielleicht habe ich es noch nicht ganz verstanden, aber warum will meine Tageszeitung all diese Dinge von mir wissen? Ich möchte das nicht. Mir ist das unangenehm." Mit dieser einfachen Frage brachte mich meine Mutter, wie so oft, auf den Boden der Tatsachen zurück.

- Matthijs van de Peppel

Die Kraft von Big Data

Was ist Big Data eigentlich? Der Unterschied zwischen Daten und Big Data wird in der Regel mit Hilfe von drei Datenmerkmalen, den sogenannten drei V's bestimmt:[9]

- *Volume*: Umfang der Datenmenge, nach oben unbegrenzt.
- *Variety* (Vielfalt): häufig ist die Datenbeschaffenheit nicht sauber oder strukturiert (z.B. bei Text oder Abbildungen).
- *Velocity* (Geschwindigkeit): die hohe Entstehungsgeschwindigkeit der Daten, ständig kommen neue Daten hinzu.

In der Verlagswelt spricht man für gewöhnlich dann von Big Data, wenn Internetverhalten (z.B. surfen, klicken und scrollen), also Online-Daten, und Offline-Daten (z. B. Name und Adresse) miteinander vernetzt werden. Hierfür gibt es professionelle Software, mit der man all diese Daten sammeln, vernetzen und rapportieren kann (in Teil 4 mehr über die Einsatzmöglichkeiten dieser Analyse-Tools, z.B. Listener von Mather Economics).

Heutzutage ist so gut wie jedes Unternehmen in der Lage, ein gigantisches Datenvolumen über seine Bestandskunden, potenziellen Neukunden und Website-Besucher zu sammeln. Nur was genau kann man damit eigentlich anfangen? Im Folgenden erläutern wir dies anhand einiger Beispiele.

Maßgeschneiderte Produkte

Wenn Interessen, Gewohnheiten und persönlichen Lebensumstände jedes Kunden bekannt sind, können digitale Produkte genau auf das jeweilige Kundenprofil zugeschnitten werden. Beispielsweise kann man für unterschiedliche Kunden die jeweils am besten passende Homepage der Firmenwebsite anzeigen lassen, die sogenannte Landingpage. Für Sportfans wird dann eine andere Landingpage angezeigt als für Personen, die sich mehr für Politik interessieren.

Gezielte Anzeigen

Beim Thema Big Data kommt früher oder später immer auch Facebook zur Sprache. Vermutlich gibt es weltweit kein Unternehmen, das mehr über seine Kunden weiß als Facebook. Schließlich ist die ausdrückliche Funktion dieser Plattform, dass man als Nutzer möglichst viel über sich selbst mit anderen teilt. Facebook macht riesige Gewinne, indem es Anzeigenkunden die Möglichkeit bietet, Werbekampagnen auf nahezu jede erdenkliche Zielgruppe abzustimmen, zum Beispiel anhand bestimmter demografischer Merkmale oder Interessen. Anzeigenkunden sind bereit, große Summen zu investieren, wenn es darum geht, die genau richtige Zielgruppe zu erreichen. Im Grunde träumt so gut wie jeder klassische Verleger davon, solche Werbeeinnahmen zu generieren.

Data-Mining und Prognosemodelle

Ein besonders faszinierender Aspekt an Big Data ist die Möglichkeit, einen verborgenen Schatz heben zu können. Das funktioniert wie folgt: Sie speichern alle verfügbaren Kundeninformationen in der Cloud. Es ist dabei völlig egal, dass Sie eventuell keinen blassen Schimmer haben, was Sie später damit anstellen wollen. Anschließend lassen Sie mithilfe von Data-Mining analysieren, welche Muster sich aus den Daten destillieren lassen. Die Algorithmen finden Muster, die Sie sich selbst im Traum nicht hätten ausdenken können. Diese Analysemethode wird beispielsweise eingesetzt, um Zusammenhänge zwischen bestimmten DNA-Strukturen und den Erfolgsaussichten bestimmter Medikamente erkennen zu können. Darüber hinaus lassen sich mit dieser Analyse Korrelationen zwischen Kundenmerkmalen und der sogenannten Churn-Rate (Abwanderungsquote) aufspüren.

Eine derartige Analyse kann zu überraschenden Ergebnissen führen. So stellte sich für die NRC-Kunden heraus, dass die Wahrscheinlichkeit einer Abonnementskündigung bei Abonnenten mit einem Hotmail-Account signifikant kleiner war als bei Kunden mit einer Gmail-Adresse. Eine solche Korrelation sagt übrigens nicht zwangsläufig etwas aus über die Kausalität. Die Abonnenten kündigen ihr Abo schließlich nicht, weil sie ein Gmail-Account haben.

Wenn mithilfe von Algorithmen Korrelationen zwischen bestimmten Variablen in Data ermittelt werden, kann man auf Grundlage dessen bestimmte Vorhersagen treffen. Die Modelle von Netflix beispielsweise prognostizieren, welche Filme und Serien zu welchem Sehverhalten passen. In der medizinischen Forschung werden anhand von DNA Prognosen dafür erstellt, welches Medikament beim jeweiligen Patienten die beste Wirkung erzielen wird. Im Telekommunikationsbereich wissen Unternehmen, welche Kunden voraussichtlich ihr Abo kündigen werden. Diese Prognosen können automatisch generiert werden und das Prognosemodell kann sich mittlerweile sogar selbstständig optimieren (*Machine Learning*).

Fallbeispiel

Der Einfluss vom digitalen Lesen auf Loyalität

Zielsetzung: Der Zeitungsverleger wollte wissen, welchen Einfluss das digitale Leserverhalten auf die Kundenbindungsrate hat.

Herangehensweise: Die Daten von Website-Besuchen wurden gesammelt und mit den Offline-Daten derjenigen Abonnenten verknüpft, die sowohl einen digitalen Zugang zur Zeitung hatten (auf Mobilgeräten und über die Website) als auch die Zeitung auf Papier erhielten. Kunden, die ihr digitales Konto verwendeten, wurden identifiziert und ihre Aktivitäten auf der Website wurden gemessen. Die Daten zum Website-Verhalten durch sogenanntes *Tagging* (Markierung) verfolgt und in der Cloud gespeichert. Die Daten bezüglich des *Traffic* (Datenverkehr auf der Website) wurden pro Kunde aggregiert und mit Offline-Informationen aus der Datenbank der Aboverwaltung verknüpft, um den Einfluss von Online-Verhalten auf die Kundenbindungsrate zu analysieren.

Ergebnisse: Die digitale Aktivität der Kunden wurde über einen Zeitraum von einem halben Jahr untersucht. Von den Abonnenten, die ihren digitalen Zugang aktiviert hatten und diesen auch mindestens einmal pro Woche nutzten, behielt 91 Prozent ihr Abonnement. Von der Kundengruppe, die ihren digitalen Zugang zwar aktiviert hatte, aber nur selten nutzte, behielt 88 Prozent ihr Abonnement. Für Kunden, die ihren digitalen Zugang nicht aktiviert hatten, lag der Prozentsatz bei lediglich 84 Prozent. Im Verhältnis zu anderen Kundenmerkmalen schien die digitale Aktivität einen relativ großen positiven Einfluss auf die Retentionsrate zu haben. Anhand dieser Ergebnisse startete der Verleger eine Kampagne, um die Online-Registrierung zu stimulieren und die digitale Aktivität attraktiver zu machen.

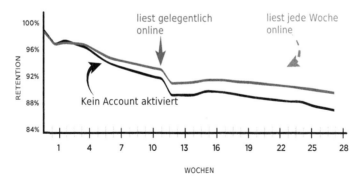

Der Unterschied zwischen drei verschiedenen Gruppen von Abonnenten: 1) Kunden, die ihren Digitalzugang (noch) nicht freigeschaltet haben, 2) Kunden, die ihren Zugang zwar aktiviert haben, aber nur selten nutzen, und 3) Kunden, die einen Digitalzugang haben und regelmäßig online lesen. Je höher die digitale Aktivität, desto höher die Loyalität des Abonnenten.

Big Data mit gesundem Menschenverstand nutzen

Big Data bietet schier unbegrenzte Möglichkeiten und Datenspeicherung wird von Tag zu Tag preiswerter und unkomplizierter. Der Hype rund um das Thema bietet große Chancen für sowohl neue, wie existierende Unternehmen. Beratungsunternehmen wachsen wie Pilze aus dem Boden, neue Software wird in rasantem Tempo entwickelt und es vergeht keine Woche, in der nicht eine E-Mail in unserem Posteingang landet, mit der uns eine hochmoderne Lösung im Bereich Big Data angeboten wird. Das große Interesse an Big Data vermittelt einem das Gefühl, dass man als Unternehmer nicht zurückbleiben darf, dass man unbedingt etwas damit machen muss.

Big Data ist jedoch nicht für jedermann gleichermaßen relevant. Die Entwicklung eines umfassenden 360-Grad-Kundenprofils ist wahrscheinlich nicht das, womit Sie beginnen sollten, wenn Sie Ihr Unternehmen zu einem datenzentrierten Unternehmen machen wollen.

Bevor Sie in Hadoop-Cluster, Cloud-Speicher, selbstlernende Algorithmen sowie teure und gefragte Spezialisten investieren, sollten Sie sich ganz pragmatisch die Frage stellen, ob sich diese Investitionen in Zukunft auszahlen werden. Sind Ihre Kunden an einem maßgeschneiderten Produkt interessiert? Sind Ihre Werbekunden an einer Hypersegmentierung interessiert? Welche Muster könnten ihre Daten offenbaren, die zu einer Verbesserung der Geschäftsergebnisse führen könnten? Und zu guter Letzt, was würden Ihre Kunden davon halten, wenn Sie wüssten, welche Daten Sie sammeln möchten? Welches Gefühl haben Sie selbst dabei?

Wenn Sie einen soliden Business-Case für ein Big Data-Projekt haben, prüfen Sie zunächst, welche Daten Sie wirklich benötigen. Ist es wirklich notwendig, alles über jedermann zu wissen, oder sind einige Datenpunkte ausreichend?

Was ist der One-Million-Dollar-Business-Case?

Bei NRC kamen all diese Fragen nach Matthijs ernüchterndem Besuch bei seinen Eltern auf den Tisch. Um sie beantworten zu können, besuchten wir befreundete Unternehmen, die uns bei der Erstellung und Nutzung von Big Data weit voraus waren. Wir wollten herausfinden, wie ihre umfangreichen Kundenprofile einen Mehrwert generieren.

Wir stießen in den Unternehmen auf große Begeisterung für Big Data sowie auf bemerkenswerte Transparenz. Viele Unternehmen waren bereit, ihre Erfahrungen mit uns zu teilen und uns ihre Systeme zu zeigen. Wir sahen großartige Hadoop-Installationen, Terabytes an persönlichen Daten und begegneten unzählige Analysten, Data-Crunchers und Customer-Intelligence-Managern, die viel Zeit und Geld in Big-Data-Projekte investiert hatten. Wir stellten ihnen lediglich eine Frage: Was war eurer One-Million-Dollar-Business-Case? Denn nachdem all diesen Investitionen getätigt worden waren, musste es zumindest eine Big-Data-Anwendung geben, die ihnen viel Geld eingebracht hatte.

Trotz der Begeisterung gab es wenig konkrete Erfolgsgeschichten und der Zusammenhang zwischen Erfolgen und Big-Data-Projekten war nicht immer ganz nachvollziehbar. Ein großes Einrichtungshaus gewährte uns Einblick in sein beeindruckendes Treueprogramm, das riesige Datenmengen über seine Kunden und deren getätigten Anschaffungen generiert hatte. Es gibt schier unüberschaubare Möglichkeiten, aus diesen Daten Erkenntnisse über die derzeitige Lebensphase der Kunden, ihren Lebensstil und ihre familiäre Situation zu gewinnen. Dennoch war es alles andere als einfach, konkret zu benennen, zu welchen Ergebnissen der Bestand an Kundendaten geführt hatte.

Als wir genauer nachfragten, schien es genau eine Anwendung zu geben, die zu einer ernst zu nehmenden Gewinnsteigerung geführt hatte. Die Sache lag simpler, als wir erwartet hatten. Das Einrichtungshaus schickte eine E-Mail an seine Kunden, in der nach deren Renovierungsplänen für die kommenden Monate gefragt wurde. Wenn ein Kunde zum Beispiel angab, dass er sein Badezimmer modernisieren wollte, bekam er per E-Mail-Angebote geeigneter Produkte wie Sanitärkeramik, Badezimmerfliesen und -armaturen. Die Konversionsrate dieser E-Mails war extrem hoch.

Das war der One-Million-Dollar-Business-Case. Ein umfangreiches Kundenprofil und Big Data sind für diese Art von Maßnahmen jedoch nicht erforderlich. Es war lediglich eine direkt an den Kunden gestellte Frage, die zu genau einem Datenpunkt führte. Kein Big Data, das von intelligenten Algorithmen analysiert wurde. Allerdings handelte es sich um genau die richtigen Daten, die von der verlässlichsten Quelle überhaupt stammten: dem Kunden selbst.

Keines der Unternehmen, mit denen wir gesprochen haben, hatte konkrete Beispiele oder Business-Cases, die gezeigt hätten, dass ihre 360-Grad-Kundenprofile zu einer signifikanten Gewinnsteigerung führten. „Aber", sagte einer der erwähnten Analysten, „es ist supertolles Spielzeug!"

Big Data ist kein Muss

Der Big-Data-Hype birgt Risiken. Die meisten Führungskräfte wissen nicht genau, welche Möglichkeiten Big Data bietet, aber fast alle sind sich einig, dass ihr Unternehmen ‚etwas' mit Big Data machen sollte. Das bekommen sie schließlich auf Kongressen zu hören und lesen sie in Managementbüchern. Für diejenigen, die sich mit Datenanalyse auskennen, ist dieses neue Zeitalter fast zu schön, um wahr zu sein. Es stehen Finanzmittel zur Verfügung sowie fortschrittliche Software, Unterstützung vom Top-Management und mehr Daten als je zuvor. Die Big-Data-Ära ist ein riesiger Abenteuerspielplatz, ein unvorstellbarer Freizeitpark für Nerds. Wenn Sie Big Data-Projekte ohne klare Ergebnisziele starten, besteht die Gefahr, dass Sie sich im Dickicht der Möglichkeiten verirren, und das Unternehmen letztendlich keinen Nutzen daraus zieht. Aber: Sie machen immerhin ‚etwas' mit Big Data.

Wie bereits in Kapitel 1 beschrieben, können Sie dieses Problem teilweise umgehen, indem Sie Ihre Datenteams von Personen aus dem operativen Geschäft leiten lassen. Diese sind in der Lage, Business-Cases zu erstellen und dahingehend zu bewerten, ob sich die Investitionen auch bezahlt machen, beispielsweise indem größere Gewinne erzielt werden, sie zu Produktinnovation führen oder eine Verbesserung des Kundenerlebnisses nach sich ziehen.

Wenn Sie einen validen Business-Case haben, sollten Sie nicht zögern Big Data zu nutzen. Denken Sie dabei allerdings unbedingt daran, die Datenschutzgesetze zu berücksichtigen und die Customer-Experience zu beherzigen.

Datenschutzgesetze

Auf dem Gebiet der Datenschutzgesetzgebung gibt es weltweit große Unterschiede. In den Vereinigten Staaten machen sich die Menschen beispielsweise im Allgemeinen viel weniger Sorgen um ihre Privatsphäre als in Europa. Amerikaner sind viel eher breit zu akzeptieren, dass ihre Daten aufgezeichnet werden und dass Unternehmen diese für diverse Zwecke nutzen. Selbstverständlich gibt es auch Amerikaner, die sich mit Inbrunst dagegen wehren, sie stellen jedoch eine Minderheit dar. Amerikaner sind sogar eher bereit, ihre Daten mit Unternehmen zu teilen als mit ihrer Regierung, der sie im Großen und Ganzen weniger Vertrauen schenken als Europäer.

Europäer hingegen stellen ihre Daten bereitwilliger der Regierung zur Verfügung und sind zurückhaltender, wenn Unternehmen nach ihren Daten fragen. In Europa hat der Schutz der Privatsphäre in den letzten Jahren stark an Aufmerksamkeit gewonnen. Die Gesetzgebung wird strenger, außerdem gibt es Kontrollorgane, die eine nicht unerhebliche Machtposition haben. In der Europäischen Union niedergelassene Unternehmen dürfen keine Kundenprofile erstellen, wenn sie nicht genau angeben, welche Informationen zu welchem Zweck gespeichert werden.[10] Sie müssen also diese und andere Datenschutzregeln beachten, bevor Sie Daten über ihre Kunden sammeln, auch wenn Sie zunächst nichts mit den Daten tun.

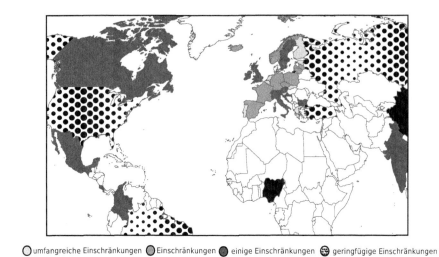

○ umfangreiche Einschränkungen ◐ Einschränkungen ● einige Einschränkungen ⊕ geringfügige Einschränkungen
● so gut wie keine Einschränkungen ○ keine Datenschutzgesetzgebung bzw. keine Information

Data Privacy Heatmap (Forrester, 2015)
Umfang der Einschränkungen bezüglich der Verwendung personenbezogener Daten.

Versetzen Sie sich in Ihre Kunden

Neben der Frage, ob man einen soliden Business-Case hat, um ein Big-Data-Projekt zu starten, spielen bei der Entscheidung über den Umfang der Erhebung personenbezogener Daten auch ethische Fragestellungen eine nicht unerhebliche Rolle. Wenn Kundenbeziehungen den Kern des Unternehmens bilden (wie z. B. bei NRC), ist es von größter Bedeutung, dass diese Beziehungen zu keiner Zeit gefährdet sind.

Haben Sie gute Argumente, um Ihren Kunden zu erklären, warum Sie ‚alles' über sie wissen wollen? Stellen Sie selbst die Frage, wie Sie sich fühlen würden, wenn Ihre Ehefrau oder Ihr Ehemann rund um die Uhr genau wissen wollen würde, was Sie gerade tun. Angenommen, Sie fänden heraus, dass er oder sie heimlich Ihr Telefon kontrolliert, nachvollzieht für was Sie Geld ausgeben, und Ihre E-Mails liest.

Mit ziemlich großer Wahrscheinlichkeit würde dies Ihre Beziehung stark belasten.

Bei NRC sind wir daher bezüglich Datenspeicherung von Abonnenten und Website-Besuchern sehr zurückhaltend. Bevor wir ein Big-Data-Projekt starten, stellen wir uns durchgehend zwei Fragen: Gibt es einen positiven Business-Case und können wir unserer Mutter erklären, warum wir diese Daten sammeln?

Wahrscheinlich werden Kunden in Zukunft mehr Einfluss auf die Nutzung ihrer Daten haben. Es werden Tools entwickelt, die Internetnutzern die Möglichkeit bieten, selbst zu entscheiden, welche Daten freigegeben werden und wofür sie genutzt werden dürfen. Dies wird aller Wahrscheinlichkeit nach die Website-Inhalte und den Grad der Personalisierung beeinflussen. Wenn sich diese Entwicklung durchsetzen kann, wird zukünftig jeder seine eigenen Nutzungsbedingungen definieren.[11]

Fallbeispiel

Welche Daten sind erforderlich?

Zielsetzung: Optimale Nutzung des Marketingbudgets durch das Offerieren des passenden Angebots an den richtigen Kunden und durch die Fokussierung auf die Gruppe von potenziellen Neukunden, bei denen die Wahrscheinlichkeit, dass sie das Angebot annehmen werden, am höchsten liegt.

Herangehensweise: Wir entwickelten ein sogenanntes diskretes Auswahlmodell (Discrete-Choice-Modell), ein Modell das aus der Ökonometrie stammt. Damit lässt sich für jeden *Prospect* in der Datenbank voraussagen, welches Angebot für ihn den jeweils höchsten erwarteten Wert hat. Um eine genaue Vorhersage treffen zu können, wurde untersucht, welche Variablen signifikanten Einfluss auf die Wahrscheinlichkeit haben, dass jemand ein Angebot annehmen wird. Zu diesem Zweck wurden Variablen aus früheren Kundenprodukten, verschiedene persönliche Merkmale, saisonal bedingte Muster sowie makroökonomische Faktoren ergänzt. Dies führte zu Dutzenden von Variablen. Mittels statistischer Analyse wurde ermittelt, welche dieser Variablen die relevanten, erforderlichen Daten darstellen. Diese wurden in das Prognosemodell aufgenommen.

Ergebnisse: Generierung eines zuverlässigen und genauen Modells für die (Neu-)Kundengewinnung basierend auf Daten zurückliegender Akquisitionskampagnen. Das Modell lieferte eine gute Prognose des Prozentsatzes, mit dem verschiedene Gruppen potenzieller Neukunden ein bestimmtes Angebot annehmen würden. So konnte sichergestellt werden, dass sich die Kampagnen auf die richtige Zielgruppe konzentrierten und der jeweiligen Gruppe das vielversprechendste Angebot unterbreitet wurde. Dank dieses zielgerichteten Ansatzes stieg die Anzahl der Kunden, die auf Angebote per Direktmailing reagierten, um 40 Prozent.

4 Fangen Sie mit dem Fundament an

Bei NRC saßen vor einigen Jahren ein Marketingspezialist, ein Analyst und ein Data-Warehouse-Entwickler zusammen, um die auf den ersten Blick einfache Frage zu beantworten: Was ist ein Abonnement?

Das führte zu drei unterschiedlichen Antworten. Der Marketingspezialist orientierte sich noch immer an den Vorgaben des HOI (ein Wochenendabo geht nur zu einem Sechstel in die Auflagenhöhe ein). Für den Data-Warehouse-Entwickler zählten die einzelnen Komponenten in der Aboverwaltung (digitales Account = eins, die Zeitung auf Papier = eins). Der Analyst wiederum berücksichtigte die Abopakete, unabhängig von der Zustellungsfrequenz oder der Anzahl der Komponenten in der Aboverwaltung, jede Kundenbeziehung zählte als eins. Es war ernüchternd festzustellen, dass wir keine gemeinsame Linie hatten und dadurch nicht in der Lage waren, unsere Abos auf eine definierte und damit unmissverständliche Art und Weise zu zählen. Wir begriffen die Basisprozesse unseres Unternehmens nicht.

- Matthijs van de Peppel

Also gut, Sie haben ein Datenteam, das von Menschen aus dem operativem Geschäft Ihres Unternehmens geleitet wird, Sie haben die richtigen KPIs ermittelt, trotzdem möchten Sie kein Big-Data-Projekt starten. Was können Sie stattdessen tun?

Uns war deutlich geworden, dass es eine Menge zu tun gibt, wenn man die täglichen Geschäftsprozesse in den Griff bekommen möchte. Nicht unbedingt mit Big Data, sondern mit dem relativ kleinen Anteil strukturierter Daten, der in den aktuellen Aboverwaltungssystemen bereits verfügbar war. Bei NRC gab es erheblich mehr elementare Daten, als wir erwartet hatten. Und um diese Daten für sinnvolle Berichterstellungen und Analysen zu nutzen, mussten wir Definitionen aufstellen: Was ist ein Abonnement? Was ist ein neuer Abonnent? Wann ist jemand in der Datenbank ein potenzieller Neukunde? Wann ist ein neuer Abonnent ein sogenannter *Switcher* (Wechselkäufer)? Wie hoch ist der Umsatz pro Abonnement? Wie hoch sind die variablen Kosten und die Akquisitionskosten? Wie viele zahlende Kunden haben wir und was zahlen sie?[12]

Genau genommen wussten wir so gut wie nichts über unsere gut 260.000 Kundenbeziehungen. Das ist erstaunlich, wenn man bedenkt, dass wir zum gleichen Zeitpunkt festgestellt hatten, dass diese Kundenbeziehungen das wertvollste Gut unseres Unternehmens waren.

Also entschlossen wir uns, Zeit und Geld in die Entwicklung von Definitionen, die Aufbereitung von Daten im Data-Warehouse und die Berichterstellung über Basisprozesse in der Business-Intelligence-Umgebung zu investieren.

So bekamen wir elementare Themen wie Abonnentenbestand, Zu- und Abgänge, Werbung, Umsatz und Marge in den Griff. Für Datenanalysten ist das nicht gerade aufregend; kein schickes Big-Data-Projekt in Hadoop mit selbstlernenden Algorithmen. Es ging schlicht um die 260.000 Kunden in unserem CRM-System und die Entwicklungen innerhalb dieser Gruppe. Und doch waren diese Schritte für die Wende von schrumpfenden zu wachsenden Abozahlen notwendig.

Langsam verstanden wir, welche Angebote und Produkte gut oder schlecht für die Akquisition und Bindung von

Kunden waren. Uns wurde deutlich, welche Serviceleistungen unseren Abonnenten wichtig sind. Nach einiger Zeit gingen wir von der Berichterstellung über realisierte Ergebnisse über zu Prognosen über die zukünftige Entwicklung.[13] Wir begriffen, an welchen Variablen wir drehen konnten, um die Ergebnisse zu verbessern. Etwa ein Jahr nach dem oben erwähnten ernüchternden Meeting, das uns vor Augen geführt hatte, dass wir nicht wussten, was ein Abonnement eigentlich ist, setzte bei NRC das Wachstum ein. Die Anzahl der Kundenbeziehungen nahm zu (und steigt weiter) und auch das Geschäftsergebnis verbesserte sich.

Unsere Empfehlung lautet daher: Fangen Sie beim Fundament an. Das klingt vielleicht nicht neu und auch nicht revolutionär – aber bedenken Sie, wenn Sie ein Haus bauen wollen, beginnen Sie auch mit dem Fundament und nicht mit einer Dachgaube. Dennoch wird bei der Datenanalyse oftmals genau dieses Prinzip aus verschiedenen Gründen außer Acht gelassen. Viele Analysten entscheiden sich für die interessanten Big-Data-Projekte und überspringen die Basis. Das ist so, als ob Sie einen Automechaniker fragen würden, ob er die Reifen wechseln oder den Motor tunen möchte.

Fundament	Fortgeschritten	Experte
• KPIs definieren • Berichterstellung 　– Finanzielle Ergebnisse 　– Verkaufs- und Kundenzahlen 　– Up- und Down-Selling • Listenverwaltung	• Umsatzprognose • Prognose der Verkaufs- und Kundenzahlen • Retentionsanalyse • Prognose des Customer-Lifetime-Value (CLV)	• (Kunden-)Profiling • Prognose der Konversionsrate p.P. • Prognose der Churn-Rate p.P. • Data-Mining • Process-Mining • Prognose zu Next-Best-Offer-Angeboten p.P.

• Sales-Funnel-Analyse • Rendite der Marketing-Investitionen • Online-A/B-Tests	• Segmentierung • Ursachen von Abwanderung identifizieren • Preiselastizitätsanalysen • Mitarbeiterleistung • Echtzeit-Dashboards	• Verknüpfung von Online- und Offline-Daten • Direktmarketing-Kampagnen

Die Phasen der Datenkenntnisentwicklung für Marketingzwecke.[14]

Die wichtigsten Punkte

- Lassen Sie Ihre Daten-Teams von Leuten aus dem operativen Geschäft leiten.
- Dezentralisieren Sie die Daten-Teams.
- Überprüfen Sie Ihre KPIs. Spiegeln diese die Gesundheit des Unternehmens wider?
- KPIs können die Unternehmenskultur verändern und bilden die Grundlage für Ihren Erfolg.
- Der Einsatz von Big Data ist kein Muss.
- Entwickeln Sie Datenprojekte nur dann, wenn sie tatsächlich einen Mehrwert generieren.
- Der Umfang personenbezogener Datenspeicherung unterliegt ethischen Grenzen.
- Beachten Sie die Datenschutzgesetze.
- Der erste Schritt zum Erfolg liegt im Verständnis grundlegender Prozesse.

Teil 2

Entwickeln Sie werthaltige Kundenbeziehungen

Nach der Zusammenstellung der Datenteams, der Definition der KPIs und dem Verständnis der grundlegenden Prozesse besteht der nächste Schritt darin, Erkenntnisse in Ergebnisse umzusetzen: den Aufbau von Kundenbeziehungen. In diesem Abschnitt erfahren Sie, wie Sie mithilfe der Erkenntnisse aus der Datenanalyse die richtigen Kunden gewinnen. Nämlich die, die bereit sind, eine langfristige Beziehung einzugehen, und wie Sie diese Beziehungen aufrechterhalten. Entscheidend sind hierbei der Einfluss der Preispolitik, der Angebotsgestaltung sowie das Talent und Verhalten Ihres Personals.

5 Preissensibilität verstehen

Immer im Juli eines Jahres entscheiden wir bei NRC über die Preiserhöhung unserer Abonnements. Für dieses jährliche Ritual kommen der CEO, CFO, CMO, der Chefredakteur und ich zusammen. Der CFO eröffnet die Diskussionsrunde: „Okay, fangen wir mit unserem Vollabo an. Um wieviel haben wir das letztes Jahr erhöht?"

„2,3 Prozent", antwortet der CMO.

CEO: „Wie hoch ist die Inflationsrate dieses Jahr?"

CMO: „2,1 Prozent."

CEO: „Okay, wir erhöhen den Preis dieses Jahr um 2,6 Prozent. Etwas mehr als die Inflationsrate."

Da mischt sich der Chefredakteur ins Gespräch. „Nein, meiner Meinung nach ist das keine gute Idee. Dann liegt der Preis für das Vollabo auf Jahrbasis bei über 400 Euro. Das kann uns Abonnenten kosten. Außerdem haben unsere Mitbewerber den Preis im vergangenen Jahr weniger stark erhöht."

CFO: „Na gut, dann eben 2,2 Prozent, damit bleibt der Jahrespreis knapp unter 400 Euro."

CEO: „Einverstanden. Nächstes Produkt."

Ich trage die Zahlen in Excel-Tabellen ein und sehe Millionen von Euros hin und her fliegen. Entscheidungen über die finanzielle Gesundheit des Unternehmens werden in Sekundenschnelle getroffen und zwar aus dem Bauch heraus. Wir hatten keine Ahnung, welche Folgen diese Entscheidungen haben würden. Wie viele Abonnenten würden wir verlieren, wenn wir den Preis um 2,2 Prozent oder um hypothetische 10 Pro-

zent erhöhen würden? Vergleichen Kunden unsere Preise tatsächlich mit denen der Konkurrenz? War die Positionierung unserer Marke zu schwach, um über den niedrigeren Preis der Konkurrenz hinaus zu gehen? War die 400-Euro-Grenze wirklich relevant?

Die Auswirkungen von Preisgestaltung waren für uns ein Mysterium, bis wir uns mit dem Thema Preissensibilität auseinandersetzten. Damit änderte sich alles. Wir machten uns mit Preiselastizitätsanalysen vertraut, anhand derer wir vorhersagen konnten, wie viele Abonnenten wir bei einem bestimmten Preisanstieg verlieren würden. Von diesem Moment an wurde unsere Zukunft nicht mehr vom Bauchgefühl, sondern von Daten bestimmt.

– Matthijs van de Peppel

Finden Sie das richtige Gleichgewicht

Preiselastizitätsanalysen ermöglichen eine sorgfältige Abwägung von Verkaufszahlen zu Margen. Marketingteams, die mögliche Auswirkungen der Preisgestaltung verstehen, können ihre Zielsetzungen genau definieren: viele Kunden mit einer kleinen Marge pro Person, eine kleinere Zielgruppe mit einer größeren Marge oder etwas dazwischen. In Teil 4 finden Sie eine detaillierte Beschreibung verschiedener Werkzeuge zur Preisanalyse und zum Yield-Management.

Bei NRC arbeiten wir mit Modellen zur Ermittlung der Preiselastizität, um eine größere Anzahl von Kunden dauerhaft an uns zu binden, ohne die Gesamtmarge negativ zu beeinflussen (EBITDA). Die Hauptziele, die ein Zeitungsunternehmen verfolgt, haben nicht in erster Linie mit Geldverdienen zu tun. Wir haben eine soziokulturelle Mission: die menschliche Entwicklung stimulieren. Außerdem wollen wir Bürger vor Machtmissbrauch durch Behörden schützen.

Wir können diese Mission nur erfüllen, wenn es genug Leute gibt, die lesen, was wir schreiben. Eine hypothetische Zeitung mit nur einem Leser, der den gesamten Jahresumsatz abbildet, ist finanziell gesund, spielt aber für die Gesellschaft keine wesentliche Rolle.

Ein besseres Verständnis der Wirkung unterschiedlicher Preise innerhalb der Zielgruppe kann auf verschiedene Weise genutzt werden. Ein Ziel kann sein, durch Preiserhöhung eine höhere Marge pro Kunde zu generieren. Infolgedessen wird die Anzahl der Kunden wahrscheinlich abnehmen, die Gesamtmarge jedoch steigen. Preisanalysen können auch umgekehrt genutzt werden, zum Beispiel indem man dafür sorgt, dass auch sensible Kunden ihr Abonnement nach einer Preiserhöhung nicht kündigen und so die Anzahl der Kunden maximiert. Auch diese Strategie kann zu einer Steigerung von Gewinn und Umsatz führen.

Analysieren Sie tatsächliches Verhalten

Es mag paradox klingen, aber nach unserer Erfahrung ist es wenig sinnvoll, (potenzielle) Kunden zu fragen, wie sie sich bei einem bestimmten Preisniveau verhalten würden oder welchen Preis sie für angemessen halten. Kunden scheinen, wenn es um den Wert eines bestimmten Produkts oder einer Dienstleistung geht, keine konkrete Vorstellung zu haben.[15]

Ein kleines Gedankenexperiment soll dies veranschaulichen. Angenommen Sie gehen über einen Flohmarkt und Sie entdecken dort eine schöne Holzlampe mit aparter Ausstrahlung und markantem Design. Die Lampe würde ausgezeichnet in Ihr Wohnzimmer passen. Sie sprechen den jungen Mann, der sie verkaufen möchte, an; und er erzählt Ihnen Folgendes:

[1] Er sagt, er sei gerade mit seiner Freundin zusammengezogen. Die Lampe habe in seinem Studentenwohnheimzimmer gestanden und er habe sie vor fünf Jahren bei IKEA gekauft.

[2] Er erzählt, die Lampe habe einem kürzlich verstorbenen Künstler gehört, in dessen Atelier sie bis vor kurzem gestanden habe. Sie stamme aus den fünfziger Jahren und sei von einem berühmten dänischen Designer entworfen worden.

Die meisten Menschen wären im zweiten Szenario bereit, einen viel höheren Preis zu bezahlen als im ersten, obwohl die Lampe bezüglich Material, Qualität und Design in beiden Fällen exakt die gleiche ist. Dies ist ein bekanntes Phänomen, das mit mentaler Buchführung bezeichnet wird und von Richard Thaler eingehend untersucht wurde.[16]

Es existiert nur eine einzige Methode herauszufinden, wie Menschen tatsächlich auf unterschiedliche Preispunkte reagieren: der Praxistest, bei dem einer Testgruppe und einer Kontrollgruppe unterschiedliche Preise angeboten werden. Durch die Messung der Differenz in der Anzahl der Kunden, die in einer der beiden Gruppen das Angebot annehmen, ist es möglich, die Auswirkungen von Preisänderungen bei verschiedenen Kunden und Produkten auf verlässliche Weise zu bestimmen. Ihr vorhandener Kundenstamm bietet Ihnen die Möglichkeit, die Auswirkungen zu ermitteln, indem Sie bei einer kleinen Kontrollgruppe die jährliche Preiserhöhung aussetzen.

Wir bei NRC machten hierbei eine bemerkenswerte Entdeckung. Es stellte sich heraus, dass es bei den verschiedenen Abomodellen in Bezug auf die Preissensibilität große Unterschiede gab. Bei einigen Produkten löste schon ein kleiner Anstieg eine Kündigungswelle aus. Andererseits gab es Produkte, bei denen selbst ein vergleichsweise starker

Preisanstieg keinen signifikanten Einfluss auf die Retentionsrate hatte.

Mit dieser Methode erhält man also einen hervorragenden Einblick in den Wert, den Kunden Ihrem Produkt beimessen. Das ist insofern erstaunlich, als dass die gleichen Kunden das nicht hätten sagen können, wenn man sie gefragt hätte.

Preiserhöhungen mit minimalen Auswirkungen auf die Anzahl an Kundenbeziehungen

Für fast jedes Unternehmen, dessen Einnahmen sich aus dem Verkauf von Abonnements generieren, ist es unvermeidlich, die Preise in regelmäßigen Abständen zu erhöhen, und sei es nur, um die Kostensteigerung durch Inflation auszugleichen. Gleichzeitig kann eine Erhöhung des Bezugspreises Kunden dazu veranlassen, ihr Abonnement zu kündigen, mit der Folge, dass diese Personen für das Unternehmen überhaupt keine Einnahmen mehr generieren. Für abonnementbasierte Unternehmen besteht die Herausforderung darin, ein Gleichgewicht zwischen der Preiserhöhung einerseits und dem Kundenerhalt andererseits zu finden. Dieses Gleichgewicht lässt sich mithilfe von Preiselastizitätsanalysen ermitteln.

Nachdem wir nun Einblick in die Preissensibilität der Abonnenten erhalten hatten, konnten wir die Preise so anpassen, dass das Unternehmen finanziell gesund blieb, bei einer möglichst geringen Anzahl an Kündigungen. Bei Produkten mit hoher Preiselastizität erhöhten wir unsere Preise so moderat wie möglich, bei Produkten mit geringer Elastizität konnten wir einen größeren Preiszuwachs realisieren. Das Wissen um die Folgewirkungen von einer bestimmen Preispolitik sorgte auf diese Weise für mehr Kundenbeziehungen bei gleichzeitiger Wahrung einer stabilen Finanzposition des Unternehmens.

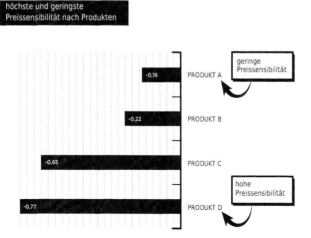

Die Analyse von NRC zeigt, dass die Produkte erhebliche Unterschiede in puncto Preissensibilität aufweisen. Die Preiselastizität für Produkt A beträgt -0,16, dies kommt einer Preiserhöhung von einem Prozent gleich, die einen Volumenrückgang von 0,16 Prozent zur Folge hat.

Abstufungen in der Segmentierung

Preiselastizitätsanalysen lassen sich auf individueller Ebene durchführen, somit kann man für jeden einzelnen Kunden einen optimalen Preis definieren. Dies wird als ‚optimale Preisdiskriminierung' bezeichnet. Theoretisch kommt man so zu einer Optimierung des Gleichgewichts zwischen Volumen und Umsatz. NRC arbeitet nicht mit dieser Methode. Preise werden nicht personenbezogen, sondern pro Produkt ermittelt.

Mather Economics führt in Amerika für unterschiedliche Auftraggeber durchaus auf individuelle Kunden zugespitzte Preisanalysen durch. Theoretisch ist zur Preisdifferenzierung jede Form von Segmentierung möglich, sie kann pro Kunde, pro Produkt, pro Stadt, pro Altersgruppe oder in jedem anderen denkbaren Segment erfolgen. Jedes Unternehmen kann selbst entscheiden, was ein relevanter und akzeptabler Segmentierungsgrad ist. In Teil 4 erfahren Sie mehr über Methoden zur Preisdifferenzierung.

> ### Fallbeispiel
>
> ### Wie der Einblick in Preiselastizität 10 Millionen Dollar einbrachte
>
> **Zielsetzung**: Ein US-amerikanischer Großverlag wollte den Kundenumsatz steigern, ohne dass die Abonnementskündigungen zunehmen sollten. Der Verlag erhöhte seine Preise einmal jährlich und wollte nun etwas über die Preiselastizität seines Kundenbestandes erfahren, um auf Basis dessen die Preisgestaltung optimieren zu können.
>
> **Herangehensweise**: Mather Economics entwickelte zu diesem Zweck Retentionsmodelle (die die langfristige Kundenbindung vorhersagen) basierend auf Kundenverhalten der Vergangenheit und prognostizierte damit die Preiselastizität der heutigen Kunden. Zusätzlich wurden A/B-Tests durchgeführt, bei denen zwei Preispunkte (A und B) verglichen wurden, um die Prognosesicherheit für die Preiselastizität zu erhöhen.
>
> **Ergebnisse**:
>
> Die Testergebnisse zeigten, dass innerhalb des Kundenbestands starke Unterschiede in puncto Preiselastizität feststellbar waren. Wichtige Faktoren, die Einfluss auf die Preiselastizität einzelner Kunden hatten, waren Abonnementsdauer, digitale Aktivität sowie die von ihnen gekauften Produkte. Darüber hinaus hatten verschiedene andere Faktoren einen prädiktiven Wert für die Reaktion der Kunden auf den Preis, wie demografische Merkmale und das Akquisitionsmedium. Die Ergebnisse des A/B-Tests bestätigten die Prognosen des ökonometrischen

Modells. Durch die praktische Anwendung dieser Erkenntnisse auf die jährliche Preiserhöhungsrunde stieg der Umsatz um sagenhafte 40 Prozent, beziehungsweise um rund 10 Millionen Dollar pro Jahr.

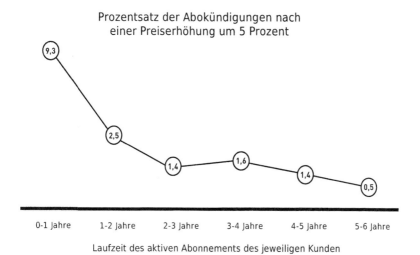

Für den US-amerikanischen Verleger hatte die Abolaufzeit eines Abonnenten einen signifikanten Vorhersagewert für die Preiselastizität.

6 Finden Sie
den richtigen Akquisitionspreis

Im vorherigen Kapitel haben Sie gelesen, dass bei NRC die Preiserhöhungsstrategie in erster Linie auf einem Bauchgefühl beruhte. Bei der Preisfestlegung für Neukunden (Akquisitionspreis) folgte man einem vergleichbaren Ritual. Das Marketingteam diskutierte ausführlich, was ihnen ihr Gefühl zur Bestimmung des besten Preises eingab. Und da sie mit Zielvorgaben bezüglich der Neuwerbung von Abonnenten über ihren jeweiligen Vertriebskanal arbeiteten, waren sie alle der Meinung, dass für ihren Verkaufsweg der niedrigste Preis gelten sollte.

Das Online-Marketing-Personal argumentierte, der Abschluss eines Abonnements über die Website müsste am kostengünstigsten sein, da dort keine Möglichkeit zur direkten Interaktion mit dem potentiellen Neukunden gegeben sei. Im Gegenzug sagte der Mitarbeiter, der für das Telemarketing verantwortlich war, dass es sich positiv auswirken würde, wenn sie am Telefon einen günstigeren Tarif anbieten könnten als den, den die Kunden auf der Website fänden. Das Team des Straßenverkaufs brachte wiederum ein, dass es schwer sei, bei Wind und Wetter das Interesse des Einkaufspublikums zu wecken und dass sie schon allein deswegen einen besseren Preis anbieten können müssten als die Kollegen, die schön trocken und warm drinnen säßen.

Diese endlosen Diskussionen führten dazu, dass wir für Neukunden einen umfänglichen Angebotskatalog mit unterschiedlichsten Preisen bereithielten, denen diverse Argumente und Gefühle zugrunde lagen. Auch hier regierte das Bauchgefühl.

– Matthijs van de Peppel

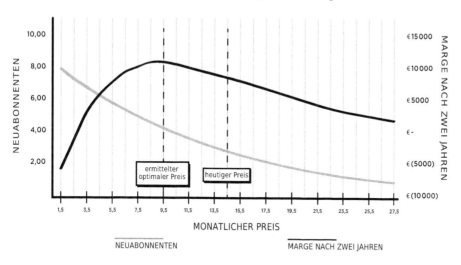

Prognose des optimalen Akquisitionspreises für NRC Wochenendausgabe + digitale Zeitung

Die statistische Analyse prognostizierte, dass eine Senkung des Werbepreises einen Anstieg bei den Neuabonnementen und eine größere Marge bewirken würde.

Auch bei der Festlegung des Werbepreises kann Datenanalyse weiterhelfen. Gemeinsam mit Mather Economics hatte NRC in den vorhergehenden Jahren Daten von Werbekampagnen gesammelt und ausgewertet. Hunderte von Angeboten mit diversen Preisen für Dutzende von Produkten, die Millionen potenzieller Kunden angeboten worden waren, und die dazugehörigen Erfolgsquotienten. Mit einem statistischen Modell und einer Handvoll kluger Analytiker wurde für jedes Produkt der optimale Preispunkt ermittelt. Das Ergebnis war sowohl überraschend als auch unheimlich.

Das Abonnement, das sich am besten verkaufen ließ, war die Wochenendausgabe auf Papier in Kombination mit einem vollständigen Zugang zur digitalen Ausgabe. Das Angebot für dieses Produkt auf unserer Website war ein Jahresabonnement zum Monatspreis von € 14,50. Laut Analysemodell lag der optimale Preis jedoch bei € 9,00 pro Monat. Theoretisch würde uns dies also Tausende Neukunden zusätzlich und eine größere Marge einbringen. Der niedrigere Preis ging uns jedoch gegen den Strich. Wir dachten, dass wir den Preis höher ansetzen müssten, wenn wir mehr Geld verdienen wollten. Ein paar Euros monatlich mehr für unsere fantastische Zeitung würde unsere wohlsituierte Zielgruppe wohl nicht abschrecken, oder?

Bauchgefühl versus Daten

Bei Kundenwerbung im persönlichen Verkaufsgespräch kommt immer auch eine emotionale Komponente zum Tragen, daher ist es viel schwieriger, verwertbare Tests mit verschiedenen Preisen und Angeboten während dieser Art von Verkaufsprozess durchzuführen. Verkäufer und Verkäuferinnen sind von einem bestimmten Angebot überzeugt oder eben nicht, sie sind vielleicht verärgert, weil sie nicht das beste Angebot anbieten können, oder sie haben keinen guten Tag (oder gerade einen fantastischen). Diese menschlichen Faktoren sorgen prinzipiell für eine gewisse Unschärfe bei den Testergebnissen.

Glücklicherweise leben wir im Internetzeitalter. Es existiert eine gute und kostengünstige Software für die Durchführung von A/B-Tests mit echten Kunden. Die Software reguliert die Besucherströme auf der Website und sorgt dafür, dass jeweils ein bestimmter Teil der Besucher eine andere Version der Website (Landingpage) zu Gesicht bekommt. Derartige Tests können auch dafür eingesetzt werden, um den Effekt unterschiedlicher Preisniveaus auf die Anzahl der erfolgreichen Abschlüsse (Neuabonnements) zu messen.

Wir fassten den Entschluss, das Bauchgefühl und das statistische Modell gegeneinander antreten zu lassen und definierten einen höheren und niedrigeren Preis für das

Produkt X (€ 17,50 bzw. € 11,50). Um den Erfolg dieser beiden Preispunkte vergleichen zu können, verwendeten wir die folgenden beiden KPIs: die Anzahl neuer Abonnenten, die das Abo über die Website abgeschlossen hatten, und den prognostizierten Customer-Lifetime-Value (CLV) dieser Abonnenten nach zwei Jahren. In Kapitel 11 finden Sie weitere Informationen zur Berechnung des CLV.

Wir begannen unseren Test mit dem von uns ermittelten höheren Preispunkt und führten einen A/B-Test durch, bei dem wir den höheren Preis mit dem Normalpreis verglichen. Nach vier Wochen hatten wir signifikante Ergebnisse, die einen leichten Rückgang der Konversionsrate und ein geringes Wachstum des CLV nach zwei Jahren zeigten. Bis hierher also keine großen Überraschungen.

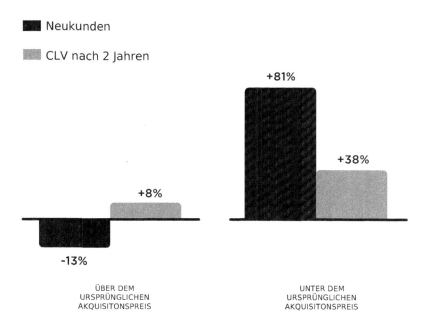

A/B-Test: Der richtige Akquisitionspreis zieht mehr neue Leser an und generiert einen höheren Gewinn.

Das interessantere Experiment war der A/B-Test mit dem niedrigeren Preis. Obwohl das statistische Modell bei dieser Preisanpassung große Gewinne prognostizierte, waren unsere Marketingspezialisten mehr als skeptisch. An einem Mittwoch wurde der niedrigere Preis auf der Website veröffentlicht und am folgenden Montag war klar, dass etwas Spektakuläres vor sich ging. Die Zahl der Neukunden hatte sich fast verdoppelt. Nach zwei Wochen waren die Ergebnisse signifikant, wir stellten fest, dass die Anzahl der Neukunden um bis zu 81 Prozent und der CLV für die nächsten 2 Jahre um 38 Prozent gestiegen war.

Die Stärke der Datenanalyse führte zu einem enormen Anstieg der Kundenbeziehungen und zu einer langfristigen Verbesserung der finanziellen Ergebnisse. Das Bauchgefühl war somit definitiv aus dem Feld geschlagen.

7 Bauen Sie langfristige Kundenbeziehungen auf

Im Juni 2014 saß ich an meinem Schreibtisch und starrte ungläubig auf meinen Computerbildschirm. War das, was ich sah, wirklich das womit wir uns seit Jahren beschäftigten? Ich sah mir gerade die ersten Grafiken aus unserem neuen Data-Warehouse an. Bis zu diesem Tag waren wir nicht in der Lage gewesen, richtig zu analysieren, wie sich unsere Abonnenten nach dem Start ihres Abonnements verhielten. Jetzt sah ich zum ersten Mal eine Grafik, die die Kundenbindung der neuen Abonnenten abbildete, und das sah nicht gut aus. Von den Probeabonnements, die wir seit Jahren nahezu fanatisch verkauften, war nach einigen Monaten fast nichts mehr übrig. Die Kundenbindung lag knapp über Null.

War es wirklich so dramatisch? Ja, das war es. Die automatisch ablaufenden Probeabos brachten uns kaum treue Abonnenten ein. Eine Kategorie jedoch wich von diesem Muster ab: hier lag die Retention nach zweieinhalb Jahren viel höher als bei den Probeabonnements. Ich fragte Matthijs: „Was für Kunden sind das?" Es stellte sich heraus, dass es sich um Abonnements handelte, die wir in Kombination mit einem iPad angeboten hatten. Diese Zweijahresverträge wurden während der Vertragslaufzeit zu fast einhundert Prozent nicht vorzeitig beendet. Das erschien logisch angesichts der Verpflichtung, die der Abonnent eingegangen war. Aber selbst nach Ablauf der an das iPad gebundenen zweijährigen Laufzeit war die Anzahl der Kündigungen überschaubar. Die leicht fallende Kurve war nichts im Vergleich zu dem freien Fall, der sich bei den Probeabonnements abzeichnete.

Die iPad-Abonnenten waren die Abonnenten, die uns die größten Sorgen bereitet hatten, hatten wir doch befürchtet, dass diese Kunden nur an dem iPad interessiert waren und ohne dieses die Zeitung nicht abonniert hätten. Das Gegenteil schien der Fall zu sein. Offensichtlich hatte dieses Angebot eine besondere Art von Kunden angezogen. Irgendwie ergab sich mit den Neukunden, die sich für das iPad-Angebot entschieden hatten, eine besonders langfristige Beziehung.

Das Angebot mit den iPads wies eine relativ hohe Kaufschwelle auf. Das Abonnement war 30% teurer als das reguläre Monatsabonnement, und das iPad war durchaus nicht kostenlos. Diese Kaufhürde hatte wie ein Filter funktioniert. Nur Neuabonnenten, die bereit waren, eine ernsthafte Beziehung aufzubauen, fanden dieses Angebot attraktiv.

– Xavier van Leeuwe

Die Netflix-Welt

Viele Branchen arbeiten mit kostenlosen Angeboten wie Probeexemplaren, Warenproben oder Probephasen, insbesondere dann, wenn die variablen Kosten für das Produkt niedrig sind. Zum Beispiel Software: Nach den anfänglichen Entwicklungskosten für die Anwendung steigen die Kosten danach kaum noch, unabhängig davon, ob mehr Menschen das Paket nutzen. In einer solchen Situation kann es zweckmäßiger sein, potenziellen Kunden die Möglichkeit zu geben, das Produkt zu testen, anstatt in teure Marketingkampagnen zu investieren. Die kostenlose Testphase ist eine bewährte Alternative, um Markenbekanntheit zu generieren und mögliche Bedenken bezüglich der Qualität des Produkts auszuräumen.

Es gibt jedoch auch Sektoren mit beträchtlichen variablen Kosten, in denen dennoch kostenlose Samples angeboten werden. Dies betrifft insbesondere hart umkämpfte Märkte oder Unternehmen, die sich stark auf kurzfristig zu erobernde Marktanteile konzentrieren. Im niederländischen Nachrichtensektor sind schon vor einigen Jahren Probeabonnements von zwei bis acht Wochen zum Standard geworden. Die Kunden haben sich daran gewöhnt und erwarten, dass Zeitungen und Zeitschriften günstige Probeabos im Angebot haben. Das Probeabonnement wird unter Selbstkostenpreis angeboten und endet automatisch ohne weitere Verpflichtungen. Im Gegensatz zu Freeware, bei der die Softwarefunktionalität häufig eingeschränkt ist, sind die Leser daran gewöhnt, während eines Probeabos im Rahmen des vereinbarten Zeitraums ein vollständiges Produkt zu erhalten (die gesamte Zeitung wird gedruckt und ausgeliefert und der Abonnent erhält uneingeschränkten digitalen Zugang). In den Niederlanden wurde so eine Art Karussell geschaffen, in dem der Kunde kontinuierlich Probeabonnements abschließen, auslaufen lassen und erneut abschließen kann. Diese irrwitzige Situation wurde noch aberwitziger, als Online-Anbieter auf der Bildfläche erschienen, die auf ihrer Website Probeabos für alle Tageszeitungen nebeneinander platzierten, so dass man mühelos jeden Monat eine andere Zeitung kostenlos oder weit unter Selbstkostenpreis Probe lesen konnte. Letztendlich hat dies dazu geführt, dass in einem Land mit etwas mehr als sieben Millionen Haushalten pro Jahr schätzungsweise eine Million Probeabonnements abgeschlossen werden.

Die Jagd auf diese Leser auf Zeit führte zu einer Abwärtsspirale, weil Kunden, die daran interessiert sind ein Probeabo abzuschließen, in die Kategorie extrem preiselastisch fallen. Das heißt je niedriger der Preis, desto mehr potenzielle Kunden. Wenn Sie also jedes Jahr mehr neue Abonnenten gewinnen möchten, um die Auflagenzahlen zu halten, müssen Sie fortwährend den Preis senken. Dies hat dazu geführt, dass die Probeabonnements der Tageszeitungen immer billiger wurden.

Das Aufkommen kostenloser Apps für Smartphones sowie kostenloser Probephasen für Dienste wie Netflix haben die Abwärtsspirale in der Nachrichtenbranche weiter verschärft. Denn etwas das gratis ist, wirkt auf viele unwiderstehlich.[17] Wenn man zwischen zwei Produkten wählen kann, gewinnt das kostenlose Produkt immer, wie gut das Angebot oder die Qualität des anderen Produkts auch sein mag. Diese Gesetzmäßigkeit birgt für Verlage ein Risiko, unter anderem weil Marketingspezialisten über das außergewöhnliche Talent verfügen, Konkurrenten zu kopieren. Angenommen ein Mitbewerber bietet eine kostenlose Probezeit von einem Monat an, was können Sie tun, um mehr Kunden zu gewinnen? Bieten Sie zwei Monate kostenlos an? Oder drei Monate? Mittlerweile ist es in den Niederlanden sogar schon so weit gekommen, dass man zu einem kostenlosen Abonnement zusätzlich ein Geschenk erhält. Letztendlich kann dies zu einer Abwertung des Produktwertes und zur Zerstörung des Marktes führen.[18].

Ein weiteres Problem dieses Ansatzes ist die Tatsache, dass die falschen Kunden angezogen werden. Sie interessieren sich nämlich gar nicht wirklich für die Zeitung, sondern abonnieren diese nur, weil sie sie kostenlos bekommen können. Diese Abonnenten ziehen selbst keinen Wert aus der Kundenbeziehung und werden daher dem Verlag auch keinen Wert zurückgeben. Die Investition in die Akquisition dieser Kundengruppe ist Geldverschwendung und stellt somit einen zusätzlichen Verlust dar.

Richten Sie sich von Anfang an an wertvolle Kunden

Wenn Sie wissen möchten, ob die Strategie, freie oder sehr günstige unverbindliche Samples anzubieten, aufgeht, müssen

Sie eine Reihe von Analysen durchführen. Berechnen Sie zunächst die längerfristige Marge dieser Angebote, indem Sie den Umsatz der Probeabonnenten über einen längeren Zeitraum (wir betrachten zwei Jahre) der Zeitinvestition der Zeitschriftenwerber, den variablen Produktkosten und den Akquisitionskosten gegenüberstellen. Vergessen Sie bei den Kosten nicht, die Maßnahmen wie Telemarketing und Direktmarketing per E-Mail zu berücksichtigen, mit denen Sie versuchen, die Probeabonnements in reguläre Abonnements umzuwandeln. Nach Einbeziehung all dieser Kosten sollten Sie sich fragen: Werfen die Probeabonnements langfristig Gewinn ab?

Überprüfen Sie außerdem, wie viele treue Kunden Ihnen diese Probeabonnements einbringen. Wie viele Kundenbeziehungen gehören auch nach zwei Jahren noch zu Ihrem Kundenstamm? Und wie viele nach vier Jahren? Diese Fragestellungen können eine Herausforderung bei der Datenaufbereitung darstellen, da Aboverwaltungssysteme in der Regel nur begrenzt Einblick bieten in die Retention der Kunden über einen längeren Zeitraum. Zur Ermittlung dieser Daten muss die Abovergangenheit einzelner Kunden rekonstruiert werden.

Und zu guter Letzt gibt es noch ein grundlegendes Problem: der Fokus von Marketingspezialisten und Zeitschriftenwerbern. Einen typischen Verkaufsprozess kann man sich als breiten Trichter vorstellen. Am oberen Rand des Trichters befinden sich die Personen, die sich nur bedingt für das Produkt oder die Dienstleistung interessieren. Je schmaler der Trichter wird, desto höher die Quote der Personen, die auf irgendeine Weise bereits echtes Interesse gezeigt haben. Diese Personen haben zum Beispiel eine Veranstaltung besucht, sich für einen E-Mail-Newsletter angemeldet, sich eine Anzeige angesehen oder haben über Freunde oder

Kollegen von dem Produkt erfahren. Möglicherweise reagieren sie auf das Angebot, da bei ihnen ein latentes Bedürfnis danach vorhanden ist. Diese kleinere Gruppe hat ein Motiv, sich weitere Spezifikationen und Preise anzusehen. Die Gruppe, die letztendlich das Produkt kauft oder die Dienstleistung in Anspruch nimmt, also Kunde wird, befindet sich im untersten Teil des Trichters; die Personenzahl dieser Gruppe ist erheblich kleiner als die der Gruppe am oberen Rand. Und ein noch kleinerer Teil entpuppt sich schließlich als loyale Kundenbeziehung.

Wenn man sich auf den oberen Teil des Trichters richtet, bekommt man es mit einer enormen Unschärfe zu tun. Denn die große Mehrheit der Personen, die Interesse an Ihrer Marke zeigen, beginnt letztendlich nie eine ernsthafte Kundenbeziehung. Das ist die Gruppe der Probeabonnenten. Die Chancen stehen gut, dass diese Personen wegen des guten Deals ein Abonnement abschließen, höchstwahrscheinlich aber werden sie nicht lange Kunde bleiben. Dennoch konzentrieren sich viele Marketingspezialisten mit ihren Kampagnen, Samples und kostenlosen Abonnements auf den oberen Bereich des Trichters. Dafür gibt es mehrere Gründe, beispielsweise die Ausrichtung auf Konversionsraten, Verkaufszahlen oder kurzfristige KPIs, oder Druck seitens des Managements oder aber einfach altmodischer Erfolgszwang. Zehntausende verkaufter Probeabonnements liefern nun einmal viel schönere Verkaufszahlen als ein paar hundert Jahresverträge.

Wir empfehlen, sich auf den unteren Teil des Trichters zu konzentrieren und sich von dort aus nach oben zu arbeiten. Sehen Sie sich die Daten der Kernbeziehungen von Kunden an, die vor einigen Jahren Kunde wurden und sich noch immer im aktiven Bereich des Kundenstamms befinden. Analysieren Sie diese Daten, untersuchen Sie die Merkmale dieser Kunden und vergleichen Sie sie mit Kunden, die sich als nicht treu erwiesen haben. Welches Produkt bezogen sie, von welcher Marke? Über welchen Akquisitionskanal wurden sie rekrutiert? Bezahlen sie per Rechnung oder per Lastschrift? Monatlich oder pro Jahr? Haben sie bei Abschluss ihres Abonnements ein Geschenk oder einen Rabatt erhalten?

Bei dem aus diesen Analysen resultierenden Diagramm sollten Sie sich die Linien der Akquisitionskanäle, Marken, Angebote und die Mitglieder des Verkaufsteams genauer ansehen, die eine hohe Anzahl von vorzeitigen Abokündigungen aufweisen. Denn auch wenn diese anfangs viele Kunden anziehen, sind dies eben häufig Leute, die nicht wirklich an dem Produkt interessiert sind. Im oberen Bereich des Diagramms finden Sie die Merkmale der Kunden mit hoher Kundenbindung. Konzentrieren Sie sich auf diese Kanäle und Angebote, um dauerhafte, werthaltige Kundenbeziehungen aufzubauen.

Bei unserem sogenannten iPad-Abonnement stellten wir fest, dass die Vertragslaufzeit von zwei Jahren dafür sorgte, dass die Retention auch nach Vertragsende hoch war. Die Neukunden hatten sich an unsere Zeitung gewöhnt, sie hatte einen festen Platz in ihrem täglichen Leben eingenommen. Über einen Zeitraum von zwei Jahren war das Lesen der Zeitung zu einer liebgewonnenen Gewohnheit geworden. Darüber hinaus führte die monatliche Zahlung per Lastschrift zu einer höheren Loyalität. Diese Möglichkeit hatten wir bis dato fast nirgendwo angeboten. Von jeher waren wir an die Zahlung pro Quartal oder per Jahr gewöhnt (95 Prozent der aktiven Abonnenten hatten einen Vertrag mit einer dieser beiden Zahlungsbedingungen). Nie zuvor hatten wir in Betracht gezogen, eine monatliche Zahlung für die Zeitung anzubieten. Der Mensch an sich mag nun einmal keine hohen Rechnungen, unabhängig davon, wie viel er verdient. Das iPad-Abo hatten wir jedoch aufgrund des relativ hohen Preises und der langen Vertragsdauer mit monatlicher Zahlung angeboten. Auf diese Weise erhielten wir die Chance, auf unsere Kunden zu hören, eben indem wir uns die Daten ansahen. Diese gaben deren Wünsche und Bedürfnisse wieder und zeigten uns die Merkmale loyaler Kundenbeziehungen auf.

Intelligente Kaufschwellen

Um ernsthafte, werthaltige Kundenbeziehungen aufzubauen ist es von Anfang an wichtig, die richtigen Kunden zu suchen. Robbie Baxter bezeichnet dieses Modell nicht als Trichter (Funnel), sondern als die ‚Schütte'.[19] Wenn die richtigen Kunden geworben werden, weist der Verkaufstrichter kaum Ausfälle auf, so entsteht eine gerade Linie von Akquisition zu Kundenloyalität. Auch wenn dies wahrscheinlich eine Utopie ist (es zeichnet sich immer eine gewisse Schrumpfung der Zielgruppe von Interesse über Kauf zu Loyalität ab), so ist es doch möglich, den oberen Rand des Trichters schmaler zu machen, indem man sich an Kunden mit ernsthaftem Interesse an dem Produkt richtet. Bei NRC ist dies durch den Einbau einer intelligenten Kaufschwelle gelungen. Eine Schwelle in der Kundenwerbung, die hoch genug ist, um Kunden mit negativem Wert draußen zu halten und niedrig genug, um genügend wertvolle Kunden zu gewinnen.

Wie bestimmen Sie diese Schwelle? Im vorherigen Kapitel haben wir beschrieben, wie Datenanalyse dazu beitragen kann, die richtige Richtung zu bestimmen. Als wichtige Faktoren wurden mit der Datenanalyse längere Abolaufzeiten und ein monatlicher Zahlungstermin herausgearbeitet. Auf Basis dieser Erkenntnisse starteten wir ein Experiment mit mehrjährigen Verträgen mit monatlichem Zahlungstermin.

Dieser Deal ist für beide Seiten vorteilhaft. Der Abonnent erhält über mehrere Jahre einen Rabatt, und NRC sieht sich im Gegenzug über mehrere Jahre eines Kunden versichert.

Das Experiment wurde mit einem kleinen Straßenverkaufsteam gestartet. Zwar waren es diese Verkäufer und Verkäuferinnen gewohnt, ausschließlich Halbjahres- und Jahresabonnements zu verkaufen, nun aber konnten sie auch Zweijahresverträge anbieten. Das Verkaufsteam war skeptisch. Die Reaktion lautete: „Keiner möchte sich so lange festlegen. Es ist ja jetzt schon schwer genug, überhaupt ein Jahresabonnement an den Mann oder die Frau zu bringen". Wir mussten quasi mit Engelszungen auf sie einreden, um sie davon zu überzeugen. Der erste Ansatz bestand darin, das zweijährige Abonnement als (Preis-) Anker zu nutzen.[20]

Uns allen ist das Phänomen Preisanker bekannt; zur Veranschaulichung ein kleines Beispiel: In Cafés können Sie häufig einen kleinen, einen mittleren oder einen großen Kaffee bestellen. Die meisten Leute entscheiden sich für Medium, aber wenn es ‚Large' nicht gäbe, würden viel mehr Leute einen kleinen Kaffee bestellen, weil ‚Medium' dann größer erscheint. So funktioniert ein Anker. Er wird überall eingesetzt, von McDonalds bis Mediamarkt.

Zur großen Verwunderung der Verkäufer und Verkäuferinnen gab es in der Tat Neukunden, die sich für das Zwei-Jahres-Abo interessierten. Sie entschieden sich für ‚Large' statt ‚Medium'. So stieg nicht nur die Anzahl der Jahresabonnements, sondern das Zwei-Jahres-Modell avancierte innerhalb kurzer Zeit auch noch zum meistverkauften Abonnement. Aus diesem Grund haben wir ein neues ‚großes' Abonnement lanciert: einen Drei-Jahresvertrag. Mittlerweile haben 56 Prozent aller im Straßenverkauf geworbenen Abonnenten einen Dreijahresvertrag. Wir hatten einen neuen KPI entdeckt, der langfristige Beziehungen viel besser prognostiziert als die Anzahl der verkauften Abonnements. Wir tauften diesen KPI ‚Abo-Jahre', die Wiedergabe des verkauften Abonnementvolumens.

Nach der Experimentphase erweiterten wir die Gruppe derer, die die neuen mehrjährigen Verträge verkauft hatten, um weitere Street-Teams. Anschließend boten wir keine halbjährlichen Abonnements mehr an. Infolgedessen stieg die durchschnittliche Vertragslaufzeit pro verkauftem Abonnement, ohne dass weniger Abonnements verkauft wurden. Die Anzahl der rekrutierten Abonnentenjahre schoss in die Höhe.

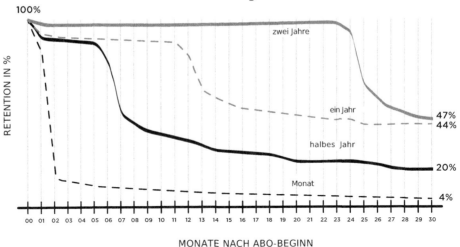

Eine von Beginn an längere Vetragsdauer hat eine höhere Retentionsrate zur Folge, auch nach Ablauf des Vertrags.

Da wir mehr Kunden mit längeren Verträgen gewinnen konnten, boten wir keine Probeabos mehr an. Diese schnitten zwar im oberen Teil des Trichters gut ab, aber der Fokus auf diesen Bereich war für die Anzahl loyaler Beziehungen nicht zuträglich. Probeabos sorgten zwar für eine hohe Anzahl neuer Abonnenten, die Datenanalyse zeigte jedoch, dass dies nicht die richtigen Kunden waren. Die Analyseergebnisse der tatsächlichen Kosten und des aus Probeabos generierten Umsatzes waren mehr als ernüchternd: nahezu alle Kampagnen, die sich auf Probeabonnements gerichtet hatten, führten nach Abzug aller Kosten zu einem negativen Ergebnis.

Nach Abschaffung der Probeabos, trafen wir eine weitere radikale Entscheidung. Wir führten längere Vertragslaufzeiten für alle Vertriebskanäle ein. Diese Entscheidung stieß wiederum auf Widerstand, aber die Zahlen boten Rückhalt und das Experiment im Straßenverkauf zeigte, dass es möglich war, Abos mit längerer Vertragslaufzeit zu verkaufen. Unsere größte Sorge war, dass wir weniger statt mehr verkaufen würden. Das Gegenteil war der Fall. Im folgenden Jahr verkauften wir 20 Prozent mehr Abonnements. Die Anzahl der rekrutierten Abojahre stieg dabei um 130 Prozent, und das trotz des immensen Wettbewerbs, des besagten Probeabo-Karussells anderer Zeitungen und trotz eines seit 20 Jahren schrumpfenden Marktes.

Der größte Gewinn lag jedoch nicht im gestiegenen Umsatz, sondern im enormen Rückgang der Abokündigungen. Da wir uns nun auf langfristige Beziehungen konzentrierten und nicht mehr ständig auf der Suche nach möglichst vielen neuen Kunden waren, wurden weniger Abonnements storniert. Wir verspielten unsere Energie nicht mehr an immer wiederkehrende Werbekampagnen für Neukunden und an kostspieligen Aktivitäten, mit denen wir versuchten, Probeabonnenten zum Abschluss eines festen Abonnements zu bewegen. Auch der Kundendienst war nicht mehr täglich mit der Beschwerdeabhandlung von Probeabonnenten beschäftigt, bei denen die Zustellung nicht zufriedenstellend funktionierte (für Zeitungsausträger sind viele und häufige Änderungen nur mit Mühe zu bewältigen). Das Servicepersonal erhielt auf diese Weise mehr Zeit und Raum, um sich auf die werthaltigen, langfristigen Beziehungen zu konzentrieren.

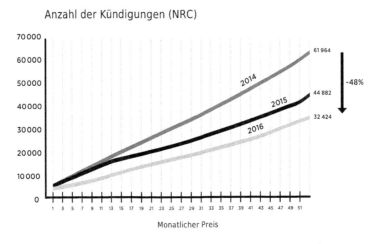

Der größte Gewinn liegt im starken Rückgang der Kündigungen.

Indem wir eine minimale Abonnementdauer von einem Jahr als Schwelle einführten, zogen wir die richtigen Kunden an: diejenigen, die echte Beziehungen eingehen wollten. Kunden, die eine solche Hürde nicht nehmen, sind in der Regel wenig interessant.

8 Der Effekt vom Personal auf Kundenbeziehungen

Einer unserer Kunden, ein amerikanischer Kabelanbieter, hatte folgende bemerkenswerte Entdeckung gemacht: „Das Personal unseres Kundenservices generiert jedes Jahr mehr Umsatz als alle unsere digitalen Anzeigen zusammen." Das war insofern überraschend, da es in keinem angemessenen Verhältnis zu den Investitionen in Technik und digitale Medien stand. Da die Bedeutung des Kundenservices stark unterschätzt wurde, war auch dessen Optimierung vernachlässigt worden.

Als wir die Arbeitsergebnisse des Kundenservices analysierten, stellte sich heraus, dass deren beste Mitarbeiter und Mitarbeiterinnen Hunderttausende Dollar mehr Umsatz erzielten als die schlechtesten Mitglieder des Verkaufsteams. Wer waren diese Leute? Wie kam es zu diesen großen Unterschieden? Was konnten wir tun, um die Leistungen des Personals zu steigern? Wir kamen dahinter, dass die Qualität eines Unternehmens mit der Qualität der Mitarbeiter und Mitarbeiterinnen steht und fällt.

– Matt Lindsay

Das Personal ist das wertvollste Kapital eines Unternehmens

Die Mitarbeiter und Mitarbeiterinnen sind die Verkörperung eines Unternehmens. Die einzelnen Personalmitglieder geben der Marke ein Gesicht, eine Stimme und Persönlichkeit. Sie verstehen die Kunden, sprechen mit ihnen und haben manchmal sogar persönlichen Kontakt mit ihnen. Das

Personal eines Unternehmens ist entscheidend dafür, wie sich der Kunde fühlt und ob ein potenzieller Kunde mit einem Unternehmen eine Kundenbeziehung eingeht.

Neben dieser entscheidenden Rolle, die die Mitarbeiter und Mitarbeiterinnen bei der Repräsentanz des Unternehmens und der Marke spielen, ist das persönliche Verkaufsgespräch trotz aller digitalen Entwicklungen für die Rekrutierung von Neukunden nach wie vor äußerst wichtig. Bei NRC werden ungefähr 70 Prozent der gesamten Kundenwerbung im persönlichen Verkaufsgespräch realisiert.

Ein einzelner Mensch repräsentiert nicht den Durchschnitt

In vielen Unternehmen besteht die Neigung, die Verkaufsleistung anhand der Bewertung spezieller Sales-Teams zu analysieren. So gibt es zum Beispiel Kundenbindungsteams, Telemarketing-Agenturen sowie verschiedene Partner für den Straßenverkauf. Sie alle sorgen zu bestimmten Kosten für eine gewisse Anzahl neuer Kunden und werden auf Grundlage des Verhältnisses dieser beiden Größen bewertet. In puncto Verkaufsleistungssteigerung ist es jedoch unklug, die Durchschnittswerte einer Gruppe zu betrachten. Solche Analysen werden Sie in die Irre führen, weil Menschen nun einmal unterschiedlich sind. Ein einzelner Mensch repräsentiert nicht den Durchschnitt, dasselbe gilt für dessen Leistung. Manche Leute haben viel Erfahrung und sind gut in dem, was sie tun, andere stehen erst am Anfang, und wieder anderen liegt das Verkaufen einfach nicht im Blut.

Bei NRC haben wir diesen Fehler mit der Betrachtung von Durchschnittswerten gemacht. Wir analysierten regelmäßig die Leistung unserer Straßenverkaufsteams, die an stark frequentierten Standorten in Stadtzentren oder Einkaufszentren

Abos an Passanten verkaufen. Diese Teams erzielten im Durchschnitt eine gute Rendite, und wir waren zufrieden. Bis wir begannen tiefer zu graben und individuelle Verkaufszahlen in das Data-Warehouse luden. So erhielten wir Einblick in die Zahlen jedes einzelnen Straßenverkäufers. Zu unserer Bestürzung stellte sich heraus, dass von den 560 Verkäufern und Verkäuferinnen, die zum damaligen Zeitpunkt für NRC arbeiteten, 26 Personen 80 Prozent der Rekrutierung erwirtschafteten. Die außergewöhnlich gute Performance von nur fünf Prozent des Teams der Straßenwerber kompensierte die *Underperformance* der restlichen 95 Prozent. Wir hätten dies nie erfahren, wenn wir keine granularen Daten gesammelt und nicht die Leistung jedes einzelnen separat betrachtet hätten.

Nach dieser aufschlussreichen Entdeckung beschlossen wir, die Daten noch tiefergehend zu analysieren. Da wir an langfristigen Beziehungen interessiert sind, analysierten wir, wie sich die Leistung des Verkaufsteams in Bezug auf eine langfristige Perspektive entwickelte. Wir betrachteten die Retentionsraten der Neukunden eines jeden Mitglieds des Verkaufsteams. Dies führte zu einer Reihe von überraschenden Erkenntnissen.

Die Daten zeigten, dass von den neuen Abonnenten, die bestimmte Verkäufer oder Verkäuferinnen geworben hatten, 50 Prozent ihren Abovertrag innerhalb einer Woche stornierten. Gleichzeitig gab es andere, bei denen das fast nie passierte. Was war der Grund für derart große Unterschiede? Was machten diese Verkäufer und Verkäuferinnen richtig beziehungsweise falsch? Und wer waren eigentlich jene Leute, die unser Unternehmen Tag für Tag nach außen repräsentierten?

Verkäuferleistung (NRC)

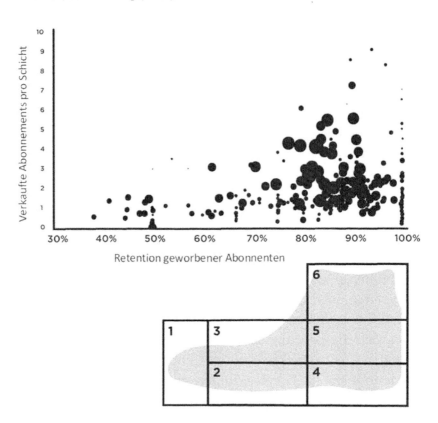

Niels Hoedjes, Senior Analyst bei NRC, entwickelte ‚den Schuh‘, um die Leistung einzelner Mitglieder des Verkaufsteams zu analysieren. Jeder Punkt stellt einen Verkäufer beziehungsweise eine Verkäuferin dar. Die durchschnittliche Anzahl der pro Schicht verkauften Abonnements wird auf der Y-Achse angezeigt. Die X-Achse zeigt die Retention geworbener Neukunden. Die Größe des Punkts gibt an, wie viele Schichten gearbeitet wurden. Das Verkaufspersonal kann in sechs Kategorien eingeteilt werden, wobei die sechste Kategorie für hohe Verkaufszahlen und hohe Kundenbindung steht und die erste Kategorie niedrige Verkaufszahlen und geringe Retention aufweist.

Versetzen Sie sich in Ihr Personal

Um den Verkaufsprozess richtig steuern zu können, ist es von entscheidender Bedeutung, dass Sie verstehen, wer Ihre Verkäufer und Verkäuferinnen sind, wie sie ihre Arbeit erleben und welche Motive sie antreiben. Aus diesem Grund haben wir, basierend auf der in Teil 5 beschriebenen Service-Design-Methode, eine Studie zu den Bedürfnissen und Motiven unserer internen und externen Zeitungsverkäufer initiiert.

Dabei kamen wir zu der Erkenntnis, dass es grundsätzlich zwei Arten von Verkäufern und Verkäuferinnen gibt: diejenigen, die andere überzeugen wollen, und diejenigen, die neuen Kunden helfen möchten, das für sie richtige Produkt zu wählen. Wir analysierten ihre Stärken und Schwächen und boten ihnen auf den jeweiligen Verkaufstyp zugeschnittenes Schulungsmaterial an, woraufhin sich ihre Motivation verbesserte und sich ihre Leistung steigerte.

Darüber hinaus fanden wir heraus, dass der wichtigste Faktor beim Aboverkauf Selbstvertrauen ist. Verkäufer und Verkäuferinnen müssen brillieren. Dieses Selbstvertrauen hängt jedoch stärker von der Tagesform der einzelnen Person als von seiner Persönlichkeit ab. Bei manchen reicht schon eine einzige nervige Bemerkung eines Passanten aus, um ihm oder ihr den Rest des Tages zu verderben. Wir brachten ihnen also bei, wie sie Tiefpunkte überwinden können, so dass ihre Leistung nicht den ganzen Tag davon betroffen ist.

Während eines Verkaufsgesprächs schauen Kunden häufig auf ihr Smartphone, um den Online-Preis mit dem Verkäuferpreis zu vergleichen. Während der Studie beklagten sich mehrere Mitglieder des Verkaufsteams darüber, dass sie keinen besseren Preis als auf der Website anbieten konnten. Wir hatten dieses Argument schon vorher gehört, aber erst mit der Service-Design-Methode konnten wir uns in unser Verkaufspersonal hineinversetzen. Zuvor hatten wir gedacht, es sei nur eine Ausrede für schlechte Ergebnisse. Nun konnten wir die emotionale Seite der Situation nachvollziehen: Sobald Kunden den Preis auf der Website nachgesehen hatten, sagten sie, dass sie das Abonnement online abschließen würden und ließen den Verkäufer stehen. Also haben wir den Preis auf der Website so angepasst, dass die Kunden auf der Straße einen besseren Deal abschließen konnten. Diese Maßnahme war ein großer Kick für das Selbstvertrauen des Verkaufspersonals.

Verbessern Sie die Verkaufsergebnisse

Wir haben die Erkenntnisse aus unseren Datenanalysen und unserer Studie genutzt, um unsere Verkaufszahlen durch eine Reihe relativ einfacher Modifikationen zu verbessern. Verkäufer sind prinzipiell ergebnisorientiert und bestrebt, ihre Ziele zu erreichen. In vielen Fällen ist ein Bonus an bestimmte Zielvorgaben geknüpft. Um den richtigen Kurs zu fahren, ist es wichtig, dass die richtigen KPIs zur Bestimmung dieser Zielvorgaben verwendet werden.

Wir passten die Umsatz-KPIs an, um unseren Fokus auf langfristige Beziehungen zu lenken. Dies war ursprünglich nicht der Fall gewesen. Verkäufer hatten bis dato nur einen einzigen KPI: die Anzahl der verkauften Abonnements. Das schien ein logisches Kriterium, nur ging die Rechnung leider nicht auf. Für den Verkäufer spielte es nämlich keine Rolle, ob der Abonnent nach einem Jahr noch zu unserem aktiven Kundenstamm gehörte. Im Gegenteil, wenn jemand sein Abonnement kündigte, befand sich anschließend wieder ein potenzieller Kunde in seinem Revier. Also haben wir den KPI geändert. Unser Vertriebspersonal sollte sich anstatt auf die Anzahl der verkauften Abonnements zukünftig auf die Anzahl der verkauften Abojahre konzentrieren. Boni waren von nun an von der Laufzeit des verkauften Abonnements abhängig. Ab diesem Zeitpunkt waren Dreijahresverträge mehr wert als zweijährige Verträge. Und wenn ein Abonnement im ersten Monat abgesagt wurde, gab es überhaupt keinen Bonus.

Diese subtile Veränderung des KPI machte sich in der täglichen Praxis deutlich bemerkbar. Teamleiter organisierten interne Wettbewerbe, um die Anzahl der verkauften Abojahre zu steigern. Die Verkäufer mit den meisten Abonnementsjahren konnten Preise gewinnen und zusätzliche Boni verdienen. Die durchschnittliche Laufzeit der verkauften Abonnements hatte sich ein Jahr später von 0,8 auf 1,8 Jahre mehr als verdoppelt.

Fallbeispiel

Die Leistungsanalyse des Callcenter-Personals bringt monatlich 1,3 Millionen Dollar ein

Zielsetzung: Ein US-amerikanischer Kabelanbieter betreibt ein Callcenter, dessen Aufgabe zum einen die Beschwerdeabwicklung ist und das zum anderen dafür sorgen soll, dass Kunden, die telefonisch kündigen wollen, überzeugt werden, dies nicht zu tun. Das Unternehmen wollte mehr über die Leistung des Personals wissen, um die Customer-Experience zu verbessern und den Umsatz zu steigern.

Herangehensweise: Es wurde eine Leistungsanalyse des Kundenservices durchgeführt, mit der Zielsetzung Erkenntnisse über die Problemlösungsstrategien und -kompetenzen der einzelnen Mitarbeiter und Mitarbeiterinnen zu erhalten. Darüber hinaus wurde für jeden einzelnen das Kundenbindungsvermögen bei Kündigungsabsicht unter die Lupe genommen.

Ergebnisse: Der Kabelanbieter setzte die gewonnenen Erkenntnisse bei der Personalauswahl ein und nutzte sie zudem als Input für Training und Coaching des Callcenter-Personals. Darüber hinaus wurde der Nutzwert des Angebots für den Kundenerhalt aufgewertet. Der direkte Effekt dieser Maßnahmen war eine Umsatzsteigerung von monatlich 1,3 Millionen Dollar. Außerdem stellte man fest, dass neue Mitarbeiter in der Regel bessere Leistungen erbrachten als das langjährige Personal des Callcenters. Die Ursache hierfür war, dass die neuen Teammitglieder die optimierte Herangehensweise und die neuen Angebote als normal empfanden, während das alteingesessenen Personal noch geneigt waren, den Kunden niedrigere Tarife anzubieten.

Die wichtigsten Punkte

- Die Preisgestaltung hat großen Einfluss auf die finanziellen Ergebnisse und auf die Kundenbeziehungen.
- Legen Sie Preise nie nach Gefühl fest (nutzen Sie hierfür Daten).
- Analysieren Sie tatsächliches Verhalten, um den Effekt verschiedener Preise beurteilen zu können.
- Nutzen Sie Kaufschwellen bei der Kundenwerbung, um die Kunden anzuziehen, die eine langfristige Beziehung eingehen wollen.
- Geben Sie sich nicht mit durchschnittlichen Teamleistungen zufrieden, sondern betrachten Sie individuelle Ergebnisse.
- Beachten Sie die Bedürfnisse und den inneren Antrieb Ihrer Verkäuferinnen und Verkäufer.

Teil 3

Beziehungen pflegen mittels optimalem Customer-Experience-Management

In der Relationship Economy ist Datenanalyse nur eines von mehreren wichtigen Werkzeugen. Da sich menschliche Emotionen nicht in wöchentlichen Berichten oder Analysen widerspiegeln, ist es ebenso wichtig, auf echte Menschen zu hören. In diesem Abschnitt erfahren Sie, wie Sie sich in Ihre Kunden hinein versetzen können und einen besseren Überblick über deren Emotionen und Bedürfnisse erhalten. Wir zeigen Ihnen, wie organisatorische Silos aufgebrochen werden können, indem der Kunde in den Mittelpunkt gestellt wird und wie Sie die Kundenbeziehungen durch ständiges und aufrichtiges Interesse stärken.

9 Setzen Sie sich mit den Kunden an einen Tisch

Als ich bei einem unserer Kunden die Haustürklingel drückte, war ich müde. Ich hatte einen ziemlich anstrengenden Tag hinter mir und hatte für die Fahrt nach Rotterdam im abendlichen Berufsverkehr zwei Stunden gebraucht, um nun mit diesem Kunden zu sprechen. Wahrscheinlich würde ich erst gegen Mitternacht nach Hause gekommen.

Meine Stimmung änderte sich schlagartig, als ich die Wohnung betrat. An den Wänden hingen schöne Gemälde und überall blickte ich auf stilvolle Designmöbel. Die Aussicht über die Maas war großartig. Mein Gastgeber, einer unserer Leser, empfing mich gastfreundlich und bot mir etwas zu trinken an, während wir darüber sprachen, welche Rolle unsere Zeitung in seinem Leben spielte. Er war mit dem Inhalt sehr zufrieden, dennoch war seine erste Frage kritisch: „Warum habe ich als Leser in den letzten fünfundzwanzig Jahren nie etwas von NRC gehört?" Er zeigte mir die einzige Korrespondenz, die er von uns erhielt: die jährlichen Rechnungen. Der Rechnungsbetrag stand darauf, sonst nichts. Aber selbst das warf Fragen auf: Er wurde nicht auf einen glatten Eurobetrag abgerundet und Rechnung sowie Betrag sahen jedes Jahr etwas anders aus.

„Kommt das daher, weil ich eine Zustellungsunterbrechung während meines Urlaubs in Anspruch genommen habe?" fragte er. Ich schaute auf die Rechnung und hatte keine Ahnung. Er fuhr fort: „Auf der Suche nach dem richtigen Betrag habe ich mir die NRC-Website angesehen und festgestellt, dass Sie für Neuabonnenten niedrigere Preise anbieten. Das hat mich

wirklich traurig gemacht – wenn Sie nicht zu mir Nachhause gekomken wären, hätte ich mein Abo gekündigt". Auch wenn die Rechnungen vom finanziellen Standpunkt aus betrachtet korrekt waren, verloren wir auf diese Weise doch unbemerkt Kunden.

Zunächst fühlte sich dieser Kundenbesuch wie lästige zusätzliche Arbeit an, aber ich bin sehr glücklich, dass ich diesen Kunden persönlich kennengelernt habe. Wir haben bis heute regelmäßigen Kontakt und er sagt mir jedes Mal, was wir richtig oder falsch machen. Im Elfenbeinturm unseres Büros wissen wir oft nicht, was unsere Kunden in der Praxis umtreibt.

– Xavier van Leeuwe

Daten sind nur die halbe Wahrheit

Der Weg zur Wohnung unserer Kunden begann tatsächlich auf einer Konferenz, auf der David Kelley von der Stanford University über die Methode sprach, die er entwickelt hatte, um unternehmerische Kreativität anzuregen und eine bessere Customer-Experience zu bewerkstelligen.[21] Er ist der Mann, der die erste Maus für Apple entworfen hat. Seine bahnbrechenden Ideen haben mehr als einmal einen Umbruch im Wirtschaftsleben, in der Politik und im Gesundheitswesen bewirkt. Sein wichtigstes Instrument ist Empathie.

Auch wir stellten fest, dass wir, indem wir ‚echten Menschen' zuhörten, eine notwendige Ergänzung zum Durchstöbern von Daten gefunden hatten. Hätten wir uns nur auf die Daten verlassen, hätten wir nie herausgefunden, dass eine technisch korrekte, aber verwirrende Rechnung zum Ende einer Kundenbeziehung führen kann. Eine Kombination aus Datenanalyse und Einfühlungsvermögen ermöglicht Ihnen, Erkenntnisse und Ideen für Verbesserungen zu generieren, die für Ihre Kunden relevant sind. Wenn Sie dies umsetzen, stärken Sie die Kundenbeziehungen.

Machen Sie sich Kundenbedürfnisse eigen

Nachdem wir einmal festgestellt hatten, dass der Aufbau von Kundenbeziehungen eines unserer Hauptziele war, dauerte es nicht lange, bis wir die Verbesserung des Kundenerlebnisses zur obersten Priorität erklärten. Wir führten eine Reihe grundlegender Dinge ein, wie das Versenden einer Bestätigungs-E-Mail, wenn ein Kunde über die Website ein Beschwerdeformular ausgefüllt hatte. Wir vereinfachten die Einrichtung eines digitalen Kontos. In Kapitel 10 finden Sie weitere, ausführlich beschriebene Beispiele, wie wir das Kundenerlebnis verbessert haben. Diesen simplen Dingen hatten wir zuvor wenig Aufmerksamkeit geschenkt, weil wir nicht wirklich am Kundenerlebnis unserer treuen Abonnenten interessiert waren. Wir waren einfach zu sehr damit beschäftigt, neue Abonnenten zu gewinnen.

Diese konkreten Verbesserungen führten auf Anhieb zu einem Rückgang der Anrufe beim Kundenservice. Damit rückte das Thema Kundenerlebnis im Unternehmen auf einmal stärker in den Vordergrund. Wir mussten feststellen, dass wir uns bis dato kaum mit unserer loyalen Abonnentengruppe beschäftigt hatten. Es entstand der Wunsch, die Gefühle unserer Kunden besser zu verstehen. Was erwarten sie von uns? Welche Rolle spielt NRC in ihrem Leben? Was frustriert sie? Was finden sie wichtig?

Das Rotterdamer Unternehmen Livework zeigte uns einen Weg auf, mit dem man die Kundenerfahrung sowohl strukturiert untersuchen als auch strukturieren kann: die Service-Design-Methode. In Teil 5 finden Sie eine detaillierte Beschreibung dieses und anderer Werkzeuge im Bereich Customer-Experience.

Echte Empathie für den Kunden beginnt mit Einsicht in seine Bedürfnisse. Sie müssen über das bloße Studieren des Kundenverhaltens hinausgehen und Einsicht in die Meinungen und Überzeugungen entwickeln, die dieses Verhalten steuern: sozusagen in den Teil des Eisbergs, der sich unter der Wasseroberfläche befindet. Manchmal haben Kunden verborgene Bedürfnisse, die in Umfragen nicht formuliert werden und die nicht sofort ans Tageslicht kommen. Um zu dieser tieferen Schicht zu gelangen, müssen Sie die unmittelbare Nähe Ihrer Kunden suchen. Service-Design ist eine Methode dafür. In den verschiedenen Phasen der Service-Design-Umfrage füllen die Kunden digitale Logbücher aus, besuchen Sie ihre Kunden zu Hause und setzen sich mit ihnen an einen Tisch. Wenn Sie so intensiv mit Ihren Kunden in Kontakt sind, werden diese Ihnen ihre positiven und negativen Gefühle über Ihr Produkt oder Ihre Dienstleistung mitteilen, und Sie werden tiefer gehen als mit einer gängigen qualitativen Studie. In einem solchen Prozess begeben Sie sich wirklich auf den Platz Ihrer Kunden. Sie erleben deren Gefühle, verstehen deren Beschwerden besser und Sie werden sich auch in Ihrem Elfenbeinturm an sie erinnern. Die ‚Stimme des Kunden' wird in Ihren Entscheidungen, die Einfluss auf die Customer Experience haben werden, Widerhall finden.

Daher sollte das gesamte Personal regelmäßig mit Kunden im Gespräch sein: der Kundenservice, die Marketingabteilung, die Führungskräfte sowie alle Mitarbeiter und Mitarbeiterinnen dazwischen. Egal, ob man nun in der Buchhaltung, im Vertrieb, im Kundenservice oder in der Produktion arbeitet, wir alle können von unseren Kunden lernen. Je mehr Mitarbeiter sich intensiv in die Kunden einfühlen und ihre Gefühle zu ihren eigenen machen, desto mehr werden diese Erfahrungen in die täglichen Prozesse integriert. Dies wird die Unternehmenskultur verändern und zu einer deutlich kundenorientierten Unternehmensgestaltung führen.

Durchbrechen Sie Silos durch Customer-Experience

Das Thema Kundenerlebnis hat das Potenzial, Organisationen grundlegend zu verändern. Abgesehen von den direkten Auswirkungen, wie höhere Kundenzufriedenheit und weniger Abokündigungen, kann die Konzentration auf die Customer-Experience zu einer besseren Zusammenarbeit zwischen organisatorischen Silos führen.

Customer-Experience ist keine Abteilung und auch keine Berufsbezeichnung. Es beschreibt vielmehr eine Art gemeinsames Gedankengut. Der Kunde steht nicht mehr im Mittelpunkt einer Abteilung, sondern aller. Der überwiegende Teil des Kollegiums wird bereit sein, den Kunden Gutes zu tun. Auch wenn der Grund dafür nur der ist, dass letztendlich die Kundschaft dafür sorgt, dass sie alle jeden Monat ihr Gehalt auf dem Konto haben. Jede der Abteilungen verfügt über einzigartiges Kundenwissen. Die Debitorenbuchhaltung hat Einblick in deren Zahlungsverhalten, die Serviceabteilung weiß, welche Beschwerden eingegangen sind, die Produktionsabteilung weiß, wie die Kunden das Produkt einsetzen oder verwenden.

Die Kunden selbst halten sich nicht an die Silos innerhalb einer Organisation. Sie betrachten eine Firma nicht als Ansammlung von Abteilungen. Für einen Kunden ist es nicht nachvollziehbar, warum er dreimal weiterverbunden wird und seine Geschichte immer wieder neu erzählen muss. Für den Kunden wird NRC von einem Straßenverkäufer ebenso repräsentiert wie vom Chefredakteur. Er versteht nicht und es interessiert ihn auch nicht, wie Ihr Unternehmen organisiert ist. Die kundenbezogenen Prozesse durchlaufen zwangsläufig verschiedene Abteilungen, für die Customer-Experience aber ist die Qualität des gesamten Prozesses entscheidend.

Daher wirken Projekte, die sich auf das Verständnis und die Verbesserung des Kundenerlebnisses konzentrieren, Siloübergreifend. Die einzelnen Silos müssen zusammenarbeiten und ihr Wissen teilen, wenn Sie ernsthafte Verbesserungen für den Kunden realisieren wollen. Wenn deutlich ist, dass sie so die Beziehung zu den Kunden verbessern können, ist dies vielen Mitarbeitern und Mitarbeiterinnen sogar ein dringendes Anliegen. Daher bietet sich Ihnen als Manager die günstige Gelegenheit, alle im Unternehmen zu einem Customer-Experience-Projekt einzuladen.

Überwinden Sie Widerstände

Jede Medaille hat eine Kehrseite, so auch das Potenzial der Customer-Experience. Da niemand im Unternehmen die Hauptverantwortung dafür trägt, kann sich Widerstand formieren dafür Zeit aufzuwenden. Wir wurden mit drei Arten von Widerstand konfrontiert:

- das Personal hat neben der täglichen Arbeit keine Zeit dafür.
- Customer-Experience wird als ‚weich' und die damit zusammenhängenden Maßnahmen als zu teuer eingestuft.
- Spezialisten im Kreativbereich vertrauen lieber auf ihr Gefühl als auf den Kunden.

Was können Sie tun, um derartige Widerstände zu überwinden?

Persönliches Engagement des Managements

Untersuchungen zur Customer-Experience und deren Verbesserung gehören in der Regel nicht zur tagtäglichen Arbeit, sondern gehen über die normale Arbeit hinaus. Niemand ist gegen die Verbesserung der Customer-Experience, nur können die Mitarbeiter und Mitarbeiterinnen dies mit ihrem ohnehin schon hohen Arbeitspensum nicht zusätzlich leisten. Die Lösung dieses Problems liegt in den Führungsetagen. Der Erfolg eines Wechsels zu einer kundenzentrierten Unternehmenskultur steht und fällt mit dem mittleren Management. Dort muss man daran glauben, das Thema auf die Tagesordnung setzen sowie sich persönlich in die Projekte einbringen. Denn wenn schon die Manager keine Zeit investieren wollen, warum sollten andere das tun?

Überzeugen Sie mit harten Fakten

Möglicherweise stoßen Sie bei dem Versuch, den Widerstand gegen den zusätzlichen Arbeitsaufwand zu überwinden, unverhofft auf eine andere Art von Widerstand. Customer-Experience wird nämlich oft als ‚weiches' Thema eingestuft, als eines, das sich nur um Gefühle und Emotionen dreht. Das Management unterschätzt daher häufig dessen Bedeutung. Warum sollte man Zeit und Geld dafür aufwenden, Kunden zu verhätscheln? Wozu gibt es schließlich den Kundenservice?

Daher sollten Sie zunächst mit einem Projekt beginnen, das sich auf messbare Größen richtet und dessen Ergebnisse in harten Fakten resultieren. Außerdem sollten Sie für die Customer-Experience spezielle KPIs einführen, beispielsweise den Net-Promoter-Score.[22]

Es gibt Projekte, die das Kundenerlebnis verbessern und gleichzeitig eine unmittelbare Umsatzsteigerung generieren. Ein Beispiel bei NRC war das sogenannte Willkommensprogramm. Um die Customer-Experience unserer Neukunden zu verbessern, starteten wir einen Pilotversuch, bei dem jeder neue Abonnent angerufen wurde. Wir halfen den Neukunden bei der Erstellung ihres digitalen Kontos, damit sie die Zeitung auch online lesen konnten. Wir erkundigten uns, ob die Zustellung der Zeitung reibungslos verlief und ob sie mit dem gewählten Abomodell zufrieden waren. Um die Kosten des Pilotprojekts wieder hereinzuholen, musste der Aufruf bei Neuabos zu einem Kündigungsrückgang von mindestens 2,6 Prozent führen. Nach einigen Monaten stellte sich heraus, dass dieser Begrüßungsservice einen Rückgang der Stornierungsrate um 3,8 Prozent zu Folge hatte. Also hatten wir hier einen positiven Business-Case mit einem Anstieg von 1.500 Abonnements pro Jahr und einer Steigerung des Betriebsergebnisses um 50.000 Euro. Zur gleichen Zeit verhalfen wir jedem neuen Abonnenten zu einem besseren Kundenerlebnis. Diese Art von Projekt wirkt im Unternehmen nicht nur vertrauensbildend, sondern sorgt für dauerhafte Unterstützung auf allen Unternehmensebenen.

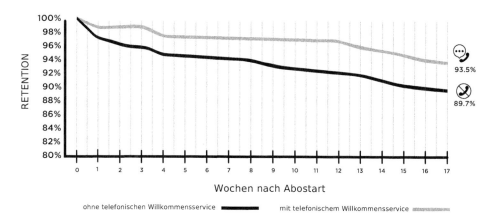

Das Diagramm zeigt den positiven Effekt des Willkommensanrufs auf die Kundenbindung der Neukunden. Die Retention stieg um 3,8 Prozent. Dies führte zu einem positiven Business-Case mit 1.500 zusätzlichen Abonnenten pro Jahr und zu einer verbesserten Customer-Experience für alle neuen Abonnenten.

Üben Sie sich selbst
und trainieren Sie Ihr Personal im aktiven Zuhören

Themen wie den Kunden zuhören und auf Basis von Kundenbedürfnissen zu handeln, können Widerstand bei Fachkräften in kreativen Berufen hervorrufen, insbesondere, wenn sie es als ihre Verantwortung betrachten, die Kundschaft zu überraschen und deren Erwartungen zu übertreffen. Sie sind davon überzeugt, dass Innovationen von brillanten Köpfen erdacht werden, die sich gerade nicht von der Stimme des Kunden beeinflussen lassen, sondern sich auf ihre prophetische Vision einer besseren Zukunft verlassen.

Zwei berühmte Aussprüche werden häufig zitiert, wenn es darum geht zu veranschaulichen, warum Feedback von Kunden ignoriert werden sollte. Henry Ford hat einmal gesagt: „Wenn ich meine Kunden fragen würde, was sie sich wünschen, bekäme ich zur Antwort ‚Ein schnelleres Pferd'." Und Steve Jobs sagte im Zusammenhang mit dem iPhone, die Leute wüssten meist nicht, was sie wollten, bis man es ihnen zeige.

Beide Zitate besagen, dass die Leute die technischen Möglichkeiten nicht überblicken und daher auch nicht sagen können, wie ein zukünftiges Produkt aussehen sollte. Das ist sicher richtig. Kunden sind keine technischen Experten. Genau aus diesem Grund konzentriert sich Service-Design-Research nicht auf die spezifischen Funktionen eines Produkts, sondern auf die Kundenbedürfnisse.

Kunden wissen in der Regel sehr wohl, was sie in ihrem Leben brauchen und was sie von einem Unternehmen erwarten, man muss sie nur auf die richtige Weise dazu befragen. Henry Ford wusste sehr gut, dass seine Zielgruppe an schnellem, zuverlässigen und komfortablen Transport interessiert war, und Steve Jobs hatte begriffen, dass die Leute ‚das Internet in ihrer Hosentasche' mitnehmen wollten. Ein etwas weniger bekanntes Zitat von Steve Jobs besagt genau dies: „Get closer than ever to your customers. So close that you tell them what they need well before they realise it themselves."

Nur wie bekommen Sie Ihre brillanten, kreativen Spezialisten soweit, Interesse an der Stimme des Kunden zu entwickeln? Das könnte durchaus ein schwieriger Prozess werden. Menschen sind nun einmal wie sie sind, und es ist extrem schwierig, die Art und Weise, wie jemand denkt oder arbeitet zu ändern. Dennoch ist es möglich. Durch Empathietraining können auch Sie lernen, die Wünsche anderer wahrzunehmen, Verständnis für die Gefühle und Bedürfnisse anderer aufzubringen und nach den von Thomas Gordon[23] entwickelten Techniken aktiv zuzuhören. Bei NRC haben wir ein solche Schulung absolviert und Konversationstechniken erlernt, mit denen man sich dafür öffnet, was eine andere Person wirklich denkt und fühlt. Dieses Training hat uns geholfen, im direkten Kundengespräch Bedürfnisse zu erkennen und uns in ihre Situation zu versetzen. Wir haben unsere professionelle Richtschnur nicht beiseitegelegt, sondern um die Stimme des Kunden bereichert.

Verschiedene Techniken zum aktiven Zuhören finden Sie in Teil 5. Dort finden Sie auch ein von uns entwickeltes Tool, das wir die ‚Bedarfsmatrix' genannt haben. Es ermöglicht Ihnen mit aktivem Zuhören und mit überschaubarem Zeitaufwand im Rahmen einer Sitzung mit Vertretern verschiedener Interessengruppen komplexe Betriebsprobleme zu lösen.

Fallbeispiel

Wie die Rabobank in den Beginn der Kundenbeziehung investiert hat

Von Livework Studio Rotterdam, mit Erik Roscam Abbing, Nick Poldermans und Marit Coehoorn

Zielsetzung: Einsicht erhalten in die Start-up-Kunden der Rabobank.

Ein Marketingmanager der Rabobank wollte die Bedürfnisse und Wünsche der Kunden des Start-up-Markts besser verstehen lernen und erfahren mit welchen Herausforderungen sie sich konfrontiert sehen. Der Marktanteil der Rabobank in diesem spezifischen Markt stand unter Druck. Darüber hinaus wurde die Bedeutung dieses Marktes unterschätzt, da junge Unternehmen in den ersten Jahren oft wenig Umsatz generieren und der Gewinn für die Rabobank daher am Anfang begrenzt ist.

Herangehensweise: Die Kunden kennenlernen.

Das Projekt dauerte vier Monate und bestand aus zwei Phasen. In der Konzeptionsphase wurden umfangreiche qualitative Studien sowohl bei bestehenden als auch bei potenziellen Kunden durchgeführt. In der sogenannten Fokusphase wurden neue Konzepte für Dienstleistungen und Produkte entwickelt. Nach eingehender Analyse der durchgeführten Studien zu diesen Kunden, wählten wir sechzehn Personen mit unterschiedlichem Hintergrund aus verschiedenen Sektoren aus, die entweder kürzlich eine Firma gegründet hatten oder vorhatten, dies zu tun.

Obwohl die Gespräche bis zu einem gewissen Grad vorbereitet und vorformuliert wurden, war der Ansatz orientierend, offen und informell. Es war sehr wichtig, dass jeder Gesprächspartner sich uneingeschränkt wohl fühlte. In einer solchen Atmosphäre würde er bereit sein,

Probleme, Emotionen und persönlichen Geschichten über Misserfolge, Ängste und Frustrationen zu teilen. So erzählten die Befragten zum Beispiel von ihren Zweifeln bezüglich der Entscheidung, ob sie ein eigenes Unternehmen gründen sollten, eine Entscheidung, die eine Wende in ihrem Leben implizierte. Sie schilderten, wie sie mit Unsicherheiten und Fallstricken umgingen, die der Start eines eigenen Unternehmens mit sich bringt, und sie sprachen über ihre Zukunftsträume.

Die Auswertung dieser Gespräche ergab vier verschiedene Personas von Jungunternehmern, illustriert anhand von Videoaufnahmen, Business-Cases und Präsentationen. Das Marketingteam konnte die verschiedenen Profile und ihre Merkmale für die Definition von Projekten einsetzen, die zu einer besseren Strategie für diese Kundengruppe führen würden. Sie präsentierten diese Projekte ihren Managern, einschließlich der Planung und des Business-Case.

Ergebnisse: Entwicklung einer neuen Marketingstrategie.

Die Erkenntnisse aus dieser Studie bildeten die Grundlage für alle neuen Projekte für den Startup-Markt und wurden geteilt mit 120 Managern lokaler Banken, die Geschäftskunden betreuen. Darüber hinaus wurden eine Marketingstrategie sowie mehrere Kampagnen initiiert, bei denen Service-Design und Marketing kombiniert wurden. Wir nennen das „marketing as a service". Bis heute werden auf Basis dieses Projekts neue Produkte oder Dienstleistungen lanciert, die den Kundenbedürfnissen entsprechen.

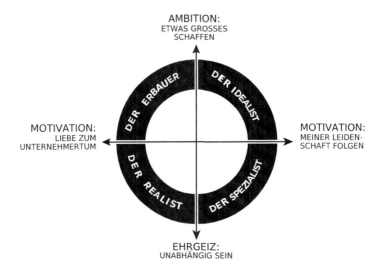

Service-Design in der Praxis: Die Rabobank definierte vier verschiedene Personas für Jungunternehmer und entwickelte auf Basis davon für diese Kundenprofile neue Produkte und Dienstleistungen.

10 Beständig in Beziehungen investieren

Die finanzielle Situation zweier Menschen, zwischen denen sich eine Liebebeziehung anbahnt, ist nicht zwangsläufig im Gleichgewicht. Als ich beispielsweise meine Frau kennenlernte, hatte sie bereits eine gut bezahlte Festanstellung, während ich noch studierte und am Ende des Monats Dicke Bohnen in Tomatensoße aß. Wir mochten einander sehr, fingen eine ernsthafte Beziehung miteinander an und gingen oft zusammen aus. In der Regel bezahlte sie unsere Rechnung.

Im Anfangsstadium einer Ihnen so wichtigen Beziehung möchten Sie um alles in der Welt vermeiden, dass Geld zu einem Reizthema wird. Deshalb machte ich meiner Frau regelmäßig kleine Geschenke, um sie zu überraschen und ihr meine große Zuneigung zu zeigen. Das waren zwar kleine Gesten, sie hatten jedoch eine große Wirkung. Wir sind immer noch ein Paar.

– Matthijs van de Peppel

Das Paradoxon des Abonnementwesens

Die Beziehung zwischen einem Unternehmen und seinen Kunden funktioniert nicht viel anders. Kunden wollen und verdienen Anerkennung, insbesondere, wenn sie schon seit Jahren Abonnenten sind. Viele Abonnenten lesen die Zeitung zwanzig, dreißig oder vierzig Jahre, zahlen Hunderte von Euros und hören nie etwas von ihrer Zeitung. Sie bekommen keinen Rabatt und auch keine Präsente. Gleichzeitig werden Kampagnen veranstaltet und hohe Rabatte angeboten, um neue Abonnenten zu gewinnen. Das frustriert die Stammleser nicht nur, sie fühlen sich darüber hinaus nicht wirklich geschätzt. Und das völlig zu Recht.

Auf der anderen Seite würde unser Unternehmen sofort in ernsthafte finanzielle Probleme geraten, wenn wir all diesen treuen Kunden auch nur einen Preisnachlass von 50 Euro pro Jahr gewähren würden. Ein solcher Rabatt wäre für die Stammleserschaft wahrscheinlich noch nicht einmal befriedigend, weil neue Abonnenten viel höhere Rabatte erhalten. Dabei sind die hohen Rabatte notwendig, um neue Kunden zu gewinnen, trotzdem sind Stammkunden diejenigen, die auch zukünftig den höheren Preis zahlen und das Unternehmen am Laufen halten. Aus Analysen der Preiselastizität und Studien zu dieser Thematik wissen wir, dass die Zunahme an neuen Abonnenten drastisch sinken würde, wenn wir nicht mit Preisnachlässen arbeiten würden. Auch dies würde die Zukunft des Unternehmens gefährden. Dies ist das Paradoxon im Abonnementwesen. Die Preise für Bestandskunden sind zu Recht höher, da sie dem Produkt in der Regel mehr Wert beimessen als Neukunden, die ohne Preisnachlass erst gar nicht einsteigen würden. Dennoch wirkt es irgendwie nicht fair.

In Kundenbeziehungen investieren, ohne in Konkurs zu gehen

Für eine gesunde Betriebsführung benötigen wir das Geld des bereits bestehenden Kundenstamms, dennoch können wir diesen Abonnenten dafür nur wenig zurückgeben. Es klingt wie die Situation von meiner Frau und mir, als wir noch keine feste Beziehung miteinander hatten. Bei NRC wurde man sich dessen bewusst und wir dachten darüber nach, wie wir unsere loyalen Abonnenten mit kleinen Präsenten oder Aufmerksamkeiten eine Freude machen konnten.

Wir führten umfangreiche qualitative Studien während der

Design-Thinking-Sessions durch (in Teil 5 eine detaillierte Darstellung hierzu). Es stellte sich heraus, dass unsere Abonnenten nicht unbedingt einen Rabatt erwarteten. Die meisten sind gut situiert und weniger interessiert an Preisnachlässen. Sie haben kein Bedürfnis nach Rabatten, sondern nach Anerkennung und Wertschätzung für sie als Abonnent. Geld ist selten der Schlüssel zum Glück und in der Regel auch nicht der beste Weg, Wertschätzung zum Ausdruck zu bringen. Hätte ich meiner damaligen Freundin gelegentlich statt Blumen einen 10-Euro-Schein überreicht, wäre sie jetzt wahrscheinlich nicht meine Frau. Von den Abonnenten bekamen wir zu hören, dass ihnen aufrichtige Aufmerksamkeit mehr bedeutet als Geld und dass, wenn wir ihnen schon ein Geschenk machen wollten, dies mit der Zeitung zusammenhängen sollte.

Das erste, was wir taten, war, uns bei all unseren Abonnenten gelegentlich zu bedanken. Wir entwickelten eine fortlaufende E-Mail-Kampagne, bei der unsere Abonnenten im Auftrag unseres Chefredakteurs zu Jahrestagen ihres Abonnements eine Nachricht geschickt bekommen. Darüber hinaus erhalten unsere Leser jetzt gelegentlich eine E-Mail, nur eine kurze Nachricht, um ihnen für ihr Vertrauen in unser Unternehmen zu danken. Hin und wieder fügen wir dann auch ein kostenloses E-Book von NRC bei.

Darüber hinaus haben wir in Zusammenarbeit mit dem Abteilungsleiter des Kundenservices sichergestellt, dass Kundenbetreuer handgeschriebene persönliche Karten an die Kunden senden können. Wir schicken diese Karten gelegentlich an Kunden, die ein Problem mit der Zeitung haben, z.B. mit der Zustellung. Wir schicken sie jedoch auch an Abonnenten, die im persönlichen Bereich eine schwierige Zeit durchmachen, zum Beispiel, wenn jemand sein Abonnement kündigt, weil er seinen Job verloren hat.

All dies sind relativ simple Dinge. Sie kosten nicht viel Zeit und Geld, bewirken jedoch viel für die Beziehung zu unseren Abonnenten. Wir erhalten Briefe mit Texten wie: „Danke für die Genesungskarte. Wie nett von Ihnen. Ein wirklich toller Service!"

Wenn Sie noch einen Schritt weitergehen, indem Sie Dienste entwickeln, die etwas mehr Geld kosten, investieren Sie wirklich in die Kundenbeziehung. Wir machten dies mit dem Urlaubsservice. In der Vergangenheit hatten wir diesen Service wegen der Auflagezahlen möglichst unattraktiv gestaltet (siehe Teil 2) und berechneten dafür eine Bearbeitungsgebühr in Höhe von 10 Euro. Wir erhielten deswegen extrem viele Beschwerden. Um das Kundenerlebnis zu verbessern, haben wir diese Verwaltungskosten abgeschafft und zusätzlich den Service verbessert. Seitdem können unsere Abonnenten ihren digitalen Zugang während des Urlaubs weiterhin nutzen (obwohl zu diesem Zeitpunkt nicht dafür bezahlt wird). Außerdem bewarben wir den Service unter unseren Abonnenten. Das Ergebnis war, dass die Anzahl der Urlaubsunterbrechungen um mehr als 10.000 pro Jahr zunahm. Im Klartext bedeutete dies weniger Umsatz und einen negativen Einfluss auf die HOI-Auflagezahlen. Langfristig trägt diese Maßnahme jedoch wesentlich zu einer stabileren Kundenbeziehung bei.

Was bringen Investitionen in Customer-Experience?

All diese Maßnahmen gewährleisten eine höhere Kundenzufriedenheit und weniger Kundenabwanderung (churn). Zwei Dinge sind jedoch noch viel entscheidender als Kundenerwartungen zu übertreffen:

[1] Ein gutes Produkt. Wenn Ihr Produkt schlecht ist, werden Kunden auch dann nicht zufrieden sein, wenn Kun-

denkommunikation und Kundenservice herausragend sind.

[2] Eine gute Basis. Denken Sie nicht an alle möglichen Extras, solang grundlegende Prozesse noch nicht in Ordnung sind. Wenn die Zustellung nicht gut funktioniert, müssen Sie dieses Problem zuerst lösen, bevor Sie Ihren Kunden persönliche Karten senden.

Wenn Ihr Produkt gut ist und die Grundlage stimmt, werden ein exzellenter Service, aufrichtiges Interesse und kleine Aufmerksamkeiten zu einer Verbesserung der Kundenzufriedenheit führen, die sich im Net-Promoter-Score ablesen lässt. Darüber hinaus werden die Abwanderungsrate sinken und der Umsatz steigen. Bei NRC sank die Abwanderung von Kunden aller Altersgruppen und für alle Abolaufzeiten auf den niedrigsten Wert aller Zeiten.

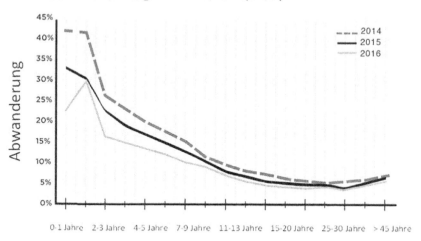

Die gesteigerte Kundenzufriedenheit bei NRC führte für jede Abonnentenkohorte zu einer geringeren Abwanderung.

Fallbeispiel

Beziehungstherapie für die große Masse

Zielsetzung: Mit geringen Kosten die Kundenbeziehung stärken.

Herangehensweise: Mather Economics und Newsday untersuchten, welche Wirkung diverse preiswerte Geschenke auf den Kunden hatten. Die Studie wurde unter Teilnehmern mit der höchsten Abwanderungswahrscheinlichkeit durchgeführt. Diese Teilnehmer wurden auf Grundlage des von Mather Economics entwickelten Prognosemodells identifiziert. Wir maßen die Wirkung von dreierlei Geschenken: einer Powerbank (mobiles Ladegerät), einem 20-Dollar-Gutschein und einer Dankeschön-Karte.

Ergebnisse: Die Dankeskarte hatte den größten Kurzzeiteffekt auf die Kundenbindung, zeigte aber auch den stärksten Effektivitätsrückgang im Zeitverlauf. Bei der Powerbank und dem Gutschein wiederum war der Langzeiteffekt besser. Für jede Kundengruppe wurde eine optimale Strategie definiert, indem die Kosten der Geschenke berechnet und die Zielgruppen weiter segmentiert wurden. In einer Follow-op-Studie wurden die verschiedenen Kampagnen an Abonnenten getestet, die plötzlich eine erhöhte Abwanderungsrate zeigte. In dieser Gruppe fiel die Abnahme der Kündigungen eklatant höher aus. Wie immer beim Marketing war das richtige Timing entscheidend. Als der entscheidende Moment erwies sich der Zeitpunkt, zu dem in der Kundenbeziehung etwas passierte, was unversehens das Kündigungsrisiko erhöhte, wie abweichendes Zahlungsverhalten oder ein plötzlich auftretender signifikanter Rückgang der digitalen Aktivität.

Geschenk-Kampagne: Versuchsgruppe versus Kontrollgruppe

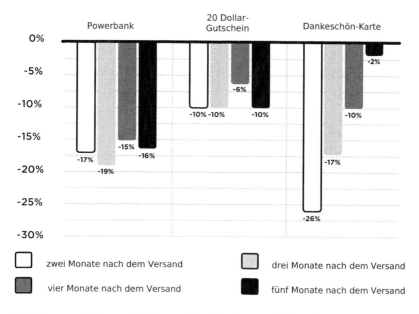

Effekt von drei verschiedenen Geschenken auf die Abwanderung von Abonnenten mit hoher Kündigungswahrscheinlichkeit.

Die wichtigsten Punkte

- ‚Echten' Menschen zuzuhören, ist eine unentbehrliche Ergänzung zum Durchstöbern von Daten.
- Das Wissen um tiefere Kundenbedürfnisse führt zu besseren Entscheidungen und stabileren Kundenbeziehungen.
- Wenn Sie die Gefühle Ihrer Kunde nachvollziehen können, wird die Stimme des Kunden die professionelle Richtschnur Ihres Unternehmens in die richtige Richtung beeinflussen.
- Die Ausrichtung auf die Kundenerfahrung kann Silos durchbrechen.

- Das Management sollte persönlich in Customer-Experience-Projekte involviert sein.
- Kundenerlebnis ist nicht ‚weich'; damit lassen sich der Umsatz und die Kundenanzahl steigern.
- Investieren Sie beständig in Beziehungen.
- Beziehungspflege muss nicht zwangsläufig viel Geld kosten.
- Messen Sie den finanziellen Return der Investitionen in Customer-Experience.
- Die Qualität des Produkts und gute Standardprozesse sind von größter Bedeutung. Außergewöhnliche Dienstleistungen und kleine Aufmerksamkeiten kommen danach.

Teil 4

Analytische Werkzeuge

In diesem Teil des Buches beschäftigen wir uns mit analytischen Modellen, die im Unternehmen direkt anwendbar sind. Der Schwerpunkt liegt hierbei darauf, wie diese Techniken zu konkreten Ergebnissen führen und weniger auf ihrem wissenschaftlichen Hintergrund.

Wir konzentrieren uns insbesondere auf jenen wesentlichen Bestandteil erfolgreicher Datenanalyseprojekte, der oft übersehen wird: die darauf basierende Veränderung von Geschäftsstrategien. Außerdem werden in diesem Abschnitt wieder einige Fallbeispiele diskutiert.

11 Customer-Lifetime-Value (CLV)

Nach dem Studium bekam ich meine erste Stelle bei einem bekannten Paketdienstleister. Als Wirtschaftsanalytiker untersuchte ich mit meinem Team die Grenzkosten für den Transport zusätzlicher Pakete über das Vertriebsnetz. Das Unternehmen verwendete ein Kostenmodell, bei dem die Fixkosten des Vertriebsnetzes durch alle Kunden dividiert wurden. Anschließend wurden die Kosten pro geliefertem Paket berechnet.

Privatkunden erhalten normalerweise nur ein oder zwei Pakete pro Zustellung und Lieferadresse, während dies bei Geschäftskunden durchaus zehn oder mehr Pakete sein können. Aufgrund des intern verwendeten Kostenmodells erschienen die Kosten pro Paket für Privatkunden wesentlich höher als für Geschäftskunden, daher wurde ernsthaft in Betracht gezogen, die Zustellung an Privathaushalte aus dem Programm zu nehmen.

Bevor wir diese Entscheidung trafen, fanden wir jedoch heraus, dass die Zustellung der Pakete an Privatkunden zu Zeiten stattfand, in denen die Fahrer sonst wenig zu tun hätten (zwischen der Zustellung an Geschäftskunden am frühen Morgen und der Abholung bei diesen Kunden am späten Nachmittag). Die zusätzlichen Kosten (Grenzkosten) für die Lieferung eines Pakets an einen Privatkunden waren daher sehr gering. Wenn wir die Auslieferung an Privathaushalte eingestellt hätten, hätte dies die Kosten nur geringfügig reduziert, während es zu einer erheblichen Umsatzeinbuße gekommen wäre.

In diesem Beispiel hatte das Unternehmen die Rentabilität pro Kunde, ausgedrückt als Customer-Lifetime-Wert, zunächst nicht verstanden, dies hätte beinahe zu einem ziemlich teuren Fehler geführt.

– Matt Lindsay

In der Zusammenarbeit mit vielen anderen Unternehmen haben wir von Mather Economics festgestellt, dass CLV eine aufschlussreiche Kennzahl ist. Viele der später in diesem Abschnitt beschriebenen Tools bauen auf dieser CLV-Berechnung auf. Der CLV kann beispielsweise verwendet werden, um die Rendite von Kampagnen zu ermitteln und um vorherzusagen, welches Angebot zu der höchsten Rendite führt. Der CLV kann auch einen wichtigen Beitrag zur Bestimmung der richtigen Preisstrategie für Abonnenten liefern, sowohl zum Zeitpunkt der Kundenwerbung als auch bei Folgeangeboten und späteren Preisanpassungen von Abonnements.

Wir von Mather Economics definieren CLV als die erwartete operative Marge eines Kunden für einen bestimmten Zeitraum. Viele Unternehmen betrachten hierbei einen Zeitraum von zwei bis drei Jahren. Bei der Berechnung der operativen Marge pro Kunde ist es wichtig, nur die direkten Kosten und den Umsatz zu berücksichtigen. Diese Variablen ändern sich nämlich immer dann, wenn Kunden abwandern oder neue hinzukommen. Wenn Sie in der CLV-Berechnung die ermittelten Fixkosten berücksichtigen, wie es der Paketdienstleister tat, könnte dies zu einer falschen Berechnung der Rentabilität des Kunden führen. Ein auf diese Weise verzerrtes Bild lässt einige Kunden nicht profitabel erscheinen, während für sie in der Praxis nur geringe Ressourcen aufgewendet werden müssen beziehungsweise sie kostengünstig bedient werden können.

Der CLV liefert auch für diverse Betriebsprozesse wie Kundenbindung und Kampagnen zur Kundenwerbung wertvolle

Informationen. In Callcentern, bei denen die Kundenbindung im Mittelpunkt steht, sollten unterschiedliche Befugnisse eingeräumt werden. Berufsanfänger zum Beispiel sollten das Fach erlernen, indem sie zunächst für Kunden mit einem relativ niedrigen CLV zuständig sind, während die besten Mitarbeiter und Mitarbeiterinnen Kunden mit hohem CLV betreuen. Bei Marketingkampagnen können Kundeneigenschaften, die für einen hohen CLV sorgen (wie erteilte Einzugsermächtigung oder ein mehrjähriger Erstvertrag), genutzt werden, um die richtige Zielgruppe auszuwählen und besonders profitable Angebote zu entwickeln.

Bei der Berechnung des CLV wird anstelle der vergangenen Kundenbeziehungsdauer (Customer-Lifetime), die erwartete Beziehungsdauer (Lebenszyklus) verwendet, so dass Sie die Auswirkungen zukünftiger Änderungen Ihrer bisherigen Produktpolitik einschätzen können. Wenn Sie beispielsweise den Preis erhöhen, hat dies Auswirkungen auf die zukünftige Marge des Produkts (sie steigt). Eine Preiserhöhung bedeutet allerdings auch, dass die Wahrscheinlichkeit von Abokündigungen zunimmt, was sich wiederum negativ auf die zu erwartende Kundenbeziehungsdauer auswirkt. Der Nettoeffekt der Preiserhöhung auf den CLV des betreffenden Kunden hängt davon ab, ob die erwartete negative Auswirkung auf den CLV geringer ist als der Effekt der höheren Marge. Ein CLV-Modell verwendet daher Prognosen zur Kundenbeziehungsdauer, die jeweils auf Veränderungen des Produkts, des Preises, externer Faktoren (wie die Wirtschaft) oder der Kundeneigenschaften (beispielsweise steigt die Retentionsrate eines Kunden, je länger sein Abovertrag läuft) angepasst werden.

Beispiel einer CLV-Berechnung im Telekommunikationssektor

Der CLV der Kunden eines Mobilfunkanbieters kann auf der Grundlage folgender Formel berechnet werden:

$$CLV = [(ARPU - CCU) \times \text{Erwartete Beziehungsdauer}] - CPGA$$

Der ARPU (Durchschnittserlös pro Einheit) ist der Umsatz des Produkts, die CCU (Cash Costs pro User) sind die Grenzkosten pro Nutzer und der CPGA (Costs per Gross Addition) sind die Akquisitionskosten pro Neukunde (statt CPGA könnte auch das gebräuchliche CPO, Cost per Order, eingesetzt werden). Bei Bestandskunden werden keine Akquisitionskosten in die Berechnung einbezogen. Die Berechnung der erwarteten Beziehungsdauer wird normalerweise mit Retentionsmodellen durchgeführt (weiterführend hierzu Kapitel 15).

In der folgenden Tabelle sind verschiedene Elemente dargestellt, die den CLV im Telekommunikationssektor beeinflussen. Änderungen jeder der Variablen können sich positiv oder negativ auf den CLV auswirken. Die Größe des Effekts kann durch das CLV-Modell quantifiziert werden.

Merkmal	Standardwert	Änderung	Wirkung				
			CLV	CPGA (Akquisitionskosten)	ARPU (Umsatz)	CCU (Grenzkosten)	Beziehungsdauer
Kundentyp	neu	Bestand	↑	↓	⇔	⇔	⇔
Werbungsmonat	April	Mai	↑	⇔	↑	↑	↑
		Februar	↓	⇔	↓	↓	↓
Alter des Telefons	12 Monate	Zunahme	↓	⇔	↓	↓	↓

Einkommens-kategorie	4	Zunahme	↑	⇔	↑	↑	↑
Alter	43	Zunahme/Abnahme	⇔	⇔	⇔	⇔	⇔
durchschnitt-liche Nutzung/Minuten	1.486	Zunahme	↓	⇔	⇔	↑	⇔
durchschnitt-liche Interacti-ve Voice Response (IVR)	12	Zunahme	↓	⇔	↓	↓	↓
Geschlecht	W	M	↑	⇔	↑	↑	↑
unbezahlte Rechnungen/Abschreibun-gen	$ 20	Zunahme	↓	⇔	↓	↓	↓
Lastschrift	nein	Ja	↑	↓	↑	↑	↑
Umsatz per Telefon	$ 100	Zunahme	↑	⇔	↑	⇔	⇔
monatlicher Abopreis	$ 45	Zunahme	↑	⇔	↑	⇔	⇔
monatlicher Umsatz	$ 10	Zunahme	↑	⇔	↑	↓	↓

Elemente, die im Telekommunikationssektor Einfluss auf den CLV haben.

Wie bereits erwähnt, haben Sie nicht Daten an sich. Daten erhalten erst dann einen Wert, wenn Sie etwas damit machen. Eine dynamische CLV-Berechnung beispielsweise ist ein starkes Analyseinstrument, auf dessen Basis strategische und taktische Entscheidungen getroffen werden können, die zu einer Verbesserung der Unternehmensergebnisse führen. Entscheidungen, die Erträge generieren, sind es, die Investitionen in das Sammeln von Daten und die Entwicklung von Modellen rechtfertigen.

12 Das Churn-Modell

„Sagen Sie uns, welche Kunden kündigen werden, damit wir sie anrufen können", diese Frage bekommen wir bei Mather Economics öfter zu hören. Die Antwort ist, wie so oft, komplexer als die Frage. Wir können einigermaßen genau vorhersagen, wie viele Kunden abwandern werden und bei wem die Wahrscheinlichkeit am höchsten ist, aber es ist praktisch unmöglich vorherzusagen, welcher Kunde im Einzelnen kündigen wird.

Prädiktive Modelle zur Kundenanalyse funktionieren besonders gut für Kundensegmente oder Kundengruppen. Das Verhalten eines einzelnen Kunden ist binär. Jemand bleibt ein Kunde oder er bleibt es nicht. Für das Eintreten eines der beiden Szenarios gilt eine 50-prozentige Wahrscheinlichkeit, so dass die Fehlerquote für beide Ereignisse relativ hoch ist (nämlich 50%). Auf der anderen Seite gilt: Wenn wir voraussagen, dass 50 von einer Gruppe von 100 Kunden abwandern werden, ist eine Fehlermarge von ein oder zwei als sehr gering zu bewerten.

In Unternehmen ist man häufig von den genauen Vorhersagen, die im Bereich der Kundenfluktuation (Abwanderung oder auch Churn) in verschiedenen Segmenten gemacht werden können, überrascht. Viele Organisationen haben jedoch keine Ahnung, was sie tun könnten, um diese Abwanderung zu verhindern. Auf der anderen Seite haben wir auch Kunden, die bei der Anwendung von Erkenntnissen aus der Datenanalyse innovativ und voller Tatendrang sind. Ihnen gelingt es, sich auf die Kunden mit den am meisten gefährdeten Verträgen zu konzentrieren.

Einer dieser innovativen Kunden fasste die Unternehmensphilosophie mit dem Slogan „from one size to personalise" zusammen. Sie konnten mit dem Wechsel von einem Standardansatz zu einem kundenorientierten und segmentierten Ansatz bemerkenswerte Erfolge erzielen. Zentral stand hierbei eine Veränderung in puncto Kommunikation rund um das Zahlungsverhalten der Abonnenten. Anstelle einer standardisierten Reihe von Briefen, die jeweils zum gleichen Zeitpunkt versendet wurden, begann man, gezielt Nachrichten zu senden, und zwar immer dann, wenn eine Abweichung im Zahlungsverhalten auftrat (ein wichtiger Indikator für ein höheres Abwanderungsrisiko).

Insbesondere für die Kundenabwanderung sind Churn-Modelle ein nützliches Prognoseinstrument. Nicht nur was die Kundenanzahl anbelangt, darüber hinaus ist es auch möglich zu bestimmen, wer am wahrscheinlichsten kündigen wird. Die nächsten entscheidenden Schritte sind, diese Erkenntnisse für die Praxis zu nutzen und sie auf kreative Weise in Maßnahmen zur Verringerung der Kündigungszahlen umzusetzen.

Die besten Anwendungen sind natürlich diejenigen, bei denen eine relativ geringe Leistungssteigerung einen signifikanten finanziellen Vorteil zuwege bringt. Das ist einer der Gründe, warum in diesem Buch der Einfluss von Auswahlverfahren, Training und Coaching der Kundenmitarbeiter und des Vertriebspersonals ausführlich behandelt wird. Diese Mitarbeiter haben tagtäglich Kontakt zu Kunden über die unterschiedlichsten Themen, daher ist es nur logisch, dass ihr Auftreten und Handeln erhebliche Auswirkungen auf das Kundenerlebnis und die finanziellen Ergebnisse haben.

Fallbeispiel

Persönliche Nachrichten bei Zahlungsverzug verringern die Abwanderung um 14 Prozent

Zielsetzung: Ein großer amerikanischer Verlag wollte den Zahlungsverzug seiner Kunden reduzieren.

Herangehensweise: Mather Economics verwendete die Zahlungshistorie aus der Vergangenheit, um Abonnentenprofile zu erstellen. Zunächst wurde das normale Zahlungsmuster der Kunden ermittelt, um Abweichungen vom Zahlungsmuster feststellen zu können. Der Verlag nutzte die Ergebnisse dieser Analyse, um dynamische E-Mails mit einer Erinnerung an Kunden zu versenden, die ihre Rechnung nicht innerhalb des üblichen Zeitrahmens bezahlt hatten.

Ergebnisse: Im Vergleich zu einer Kontrollgruppe führte das Versenden der dynamisch generierten Erinnerungen nach drei Monaten zu einem Rückgang der Abwanderungsrate um 14 Prozent. Dieser signifikante Rückgang ist auf eine Reihe aufeinander folgender E-Mails zurückzuführen, bei denen der säumige Abonnent eine zweite Nachricht nur dann erhält, wenn er nicht innerhalb von zwei Wochen nach Erhalt der ersten Nachricht bezahlt hat, und so weiter. Da die Erinnerungen per E-Mail verschickt wurden, entstanden praktisch keine Kosten. Die Studie hat gezeigt, dass persönliche E-Mails, die auf das individuelle Zahlungsverhalten der Abonnenten zugeschnitten sind, eben dieses deutlich verbessern und die Abwanderung aufgrund von Säumigkeit reduzieren können.

> **Bedingung:** Kunde weicht vom normalen Zahlungsmuster ab (durchschnittliche Dauer in Tagen + 1 Standardabweichung)

DYNAMISCHE NACHRICHT 1

Lieber Jan Mustermann, vielen Dank, dass Sie unsere Zeitschrift lesen. Wir hoffen, dass Sie mit unserem Service zufrieden sind. Wenn wir Ihnen irgendwie behilflich sein können, rufen Sie bitte unseren Kundendienst unter 012-345 6789 an.

> **Bedingung:** Der Abonnent weicht vom normalen Zahlungsmuster ab (durchschnittliche Dauer in Tagen + 1 Standardabweichung) plus keine Zahlung innerhalb von zwei Wochen nach der ersten Nachricht.

DYNAMISCHE NACHRICHT 2

Lieber Jan Mustermann, wir möchten Sie daran erinnern, dass Sie Ihre Rechnung noch nicht bezahlt haben. Falls Sie Hilfe bei der Bezahlung benötigen sollten, rufen Sie unseren Kundendienst unter 012-345 6789 an.

> **Bedingung:** Der Abonnent weicht vom normalen Zahlungsmuster ab (durchschnittliche Dauer in Tagen + 1 Standardabweichung) plus keine Zahlung innerhalb von zwei Wochen nach der ersten NachrichtT.

DYNAMISCHE NACHRICHT 3

Lieber Jan Mustermann, wir möchten Sie daran erinnern, dass Sie mit der Bezahlung Ihrer Rechnung zu spät dran sind. Falls Sie Hilfe bei der Bezahlung benötigen sollten, rufen Sie unseren Kundendienst unter 012-345 6789 an.

Dynamische E-Mails, die im Falle einer Abweichung vom normalen Zahlungsmuster, d.h. bei verspäteter Zahlung, des Abonnenten gesendet wurden.

13 Prognose des Umsatzes und der Kundenanzahl

Es kommt immer mal wieder vor, dass wir von Managern Folgendes zu hören bekommen: „Wir erreichen unsere Ziele nicht, weil die von Ihnen empfohlenen Preisänderungen nicht zu den gewünschten Umsatzsteigerungen führen". Die Erfahrung zeigt, dass dies meist aus falschen Annahmen bei der Zielbestimmung resultiert. Dies ist nicht verwunderlich, schließlich ist die Erstellung detaillierter Verkaufsprognosen eine überaus komplexe Angelegenheit. Eine gut durchdachte Prognose in puncto Kundenbestand und des damit verbundenen Umsatzes ist nicht nur für die strategische Weichenstellung eines Unternehmens wichtig, sondern wirkt sich auch direkt auf den laufenden Betrieb aus: unrealistische Ziele, die nicht erreicht werden können, lassen das Management unter Druck geraten, sofort einzugreifen. Dies führt nicht selten zu kurzsichtigen Maßnahmen, wie kurzfristige Kosteneinsparungen, die sich langfristig negativ auswirken können. Mit zuverlässigen und tragfähigen Ergebnisprognosen können zeitnah sinnvolle Anpassungen vorgenommen werden. Eine intelligente Prognose bezüglich der Verkaufszahlen und des Umsatzes ist daher Gold wert.

Für die Prognoseerstellung stehen zwei Methoden zur Verfügung: Top-Down und Bottom-Up. In einer Top-Down-Prognose werden Umsatz, Verkaufsvolumen und Preise extrapoliert, um die zukünftige Performance einzuschätzen. ‚Das vergangene Jahr plus 2 Prozent' ist ein typisches Beispiel für diese Art von Prognose. Ein grundlegendes Problem bei diesem Ansatz ist, dass die Ursache der Trends außen vor gelassen wird. Daher ist es, wenn sich beispielsweise Änderungen ergeben wie eine Zunahme der Abwanderung oder ein Rückgang des Neukundenzuflusses, nahezu unmöglich, die Auswirkungen auf den Gesamtumsatz vorherzusagen.

Für auf Basis eines Abomodells operierende Unternehmen bevorzugen wir den Bottom-up-Ansatz. Zu Beginn dieses Ansatzes steht die Vorhersage der Anzahl der zu erwartenden Neukunden, eine Schätzung der Abwanderungsrate pro Kundensegment und eine Trendbestimmung für die Preisentwicklung pro Produkt. Bei einem Bottom-up-Ansatz bestimmt der kumulative Effekt aller Entwicklungen die Umsatzprognose. Die Folgen eventueller Trendabweichungen in den verschiedenen Teilbereichen sind daher leicht zu quantifizieren.

Dies ist besonders relevant, da kleine Abweichungen vom Trend erhebliche finanzielle Auswirkungen auf Unternehmen mit abobasierten Umsätzen haben können. Ein Defizit von 100 Neukunden in einer beliebigen Woche ist in den aktuellen Finanzergebnissen möglicherweise nicht einmal sichtbar, wenn sich diese Entwicklung jedoch fortsetzt, wird der Effekt auf längere Sicht signifikant sein. Da ein Neukunde durchschnittlich 100 Euro pro Jahr generiert, würde das Defizit auf Jahrbasis betrachtet wöchentlich um 10.000 Euro steigen. Trendabweichungen müssen frühzeitig erkannt werden, um möglichst bald Maßnahmen ergreifen zu können, so dass größere Probleme und drastische Schritte in Zukunft vermieden werden können. Deshalb sind wir nicht nur Befürworter des Bottom-up-Ansatzes, sondern befürworten auch regelmäßige Updates und periodische Auswertungen in kurzen Zeitabständen.

Bei der Arbeit mit Prognosemodellen machten wir eine interessante Entdeckung bezüglich der Zeitspanne, die vergeht, bevor ein Unternehmen nach einer Änderung seiner Betriebsführung wieder im Gleichgewicht ist. Wenn ein Unternehmen beispielsweise durch eine Änderung bewirkt, dass die Abwanderungsrate um 10 Prozent sinkt, erhöht sich die Anzahl der aktiven Kunden, bis die Anzahl der wöchentlichen Kündigungen der Anzahl der wöchentlichen Neukunden entspricht.

Um dies zu veranschaulichen, hier ein einfaches arithmetisches Beispiel. Angenommen, ein Unternehmen hat tausend Kunden mit einer durchschnittlichen Retention von 50 Prozent pro Jahr. Diese Firma hat also etwa fünfhundert Vertragskündigungen pro Jahr zu verbuchen, was in etwa zehn Kündigungen pro Woche entspricht. Um den derzeitigen Kundenstamm stabil zu halten, benötigt das Unternehmen rund zehn neue Kunden pro Woche. Wenn es gelingt, die Zahl der wöchentlichen Kündigungsrate um 10 Prozent zu verringern, gehen pro Woche nur neun statt zehn Kunden verloren. Dadurch wächst die Kundenanzahl wöchentlich um einen Kunden, wenn gleichzeitig die Anzahl der Neukunden auf dem aktuellen Niveau bleibt.

Wann würde in diesem Beispiel also das Wachstum stagnieren? Die Anzahl der Kunden steigt, bis das Unternehmen mit der neuen Kündigungsrate zehn Kündigungen pro Woche verzeichnet. Dies entspricht etwa 1.111 Kunden. Bei einem Wachstum von einem Neukunden pro Woche vergehen etwas mehr als zwei Jahre bis die zusätzlichen 111 Kunden erreicht sind. Diese lange Angleichungsphase ist typisch für die Herausforderungen, denen sich Abo-basierte Unternehmen stellen müssen. Es kann unter Umständen ziemlich lange dauern, bis sich die positiven Auswirkungen von Prozessänderungen oder geänderten Richtlinien in den Geschäftsergebnissen widerspiegeln. Auf der anderen Seite kann bereits die Durchführung einer einzigen wirksamen Maßnahme Jahre des Wachstums gewährleisten.

Die Geduld vieler Unternehmen ist jedoch begrenzt, insbesondere wenn die Finanzpläne auf Jahrbasis festgelegt werden. Das Management unterliegt dann schnell der Verlockung überstürzt zu intervenieren, obwohl die Effekte früherer Kursänderungen noch nicht zu übersehen sind.

Fallbeispiel
Abonnementumsatz und Volumenprognose

Zielsetzung: Ein amerikanischer Verlag wollte den genauen Abonnentenumsatz sowie anhand von regelmäßigen Zwischenanalysen die tatsächlich realisierten Zahlen für das kommende Geschäftsjahr überprüfen.

Herangehensweise: Für die Prognose des zukünftigen Abonnentenumsatzes ermittelte Mather Economics maßgebliche Faktoren aus den Daten vorheriger Geschäftsjahre. Dazu gehörten Abonnentenumsatz, Anzahl der Neukunden, Kundenbindung, Preissensitivität und saisonale Muster. Um die Genauigkeit der Prognose zu verbessern, besprachen Mather und der Kunde die strategischen Pläne für das neue Geschäftsjahr und beleuchteten insbesondere die Unterschiede zu den Vorjahren. Nach einer Testperiode führte Mather anhand der tatsächlich realisierten Umsatzzahlen die wöchentliche Aktualisierung der Prognose durch.

Ergebnisse: In den ersten fünf Monaten lag die Prognose von Mather für den Gesamtumsatz weniger als ein Zehntel Prozent unter den tatsächlichen Abo-Verkäufen in diesem Zeitraum. Die Abweichung war hauptsächlich auf eine Preiserhöhung zurückzuführen, die mit einer etwas niedriger als erwarteten Preissensibilität der Neukunden einherging. Die Prognose wurde im Juni desselben Jahres angepasst. Diese Prognose erwies sich als richtig und wurde dann wöchentlich anhand der realisierten Umsätze aktualisiert, so dass der Kunde zeitnah relevante Trends erkennen konnte.

14 Online-Datenerfassung mit Listener

Einer unserer Kunden bat uns, ihn bei der Steigerung seines digitalen Umsatzes zu unterstützen. Um die aktuellen Umsatzströme des Kunden zu verstehen, forderten wir Daten von seiner Werbeplattform an (in der Regel DoubleClick for Publishers (DFP) von Google). Da wir außerdem wissen wollten, wie Besucher den Content der Unternehmens-Website nutzten, benötigten wir mehr Informationen über den Website-Traffic. Zur Erfassung dieser Daten werden normalerweise Google Analytics oder Omniture von Adobe eingesetzt. Wir mussten allerdings feststellen, dass für den einzelnen Besucher die Daten beider Systeme nicht ohne Weiteres kombinierbar waren. Es war quasi unmöglich, für individuelle Besucher zu ermitteln, was sie lesen und welche Werbeeinnahmen sie erzielen. Um diese Datenlücke zu überbrücken, haben wir Listener entwickelt. Hierbei handelt es sich um eine Tagging-Lösung, die JavaScript und andere Codes in eine Webseite integriert, so dass Daten vom Ad-Server, dem Video-Player, der Paywall und dem Content-Management-System gleichzeitig aufgezeichnet werden.

Listener ist nicht das einzige Tool am Markt, das Einblick in die Rendite von Online-Besuchern gewährt, aber es ist eine einfache und kostengünstige Alternative zu anderen Produkten. Mit diesem Werkzeug ist es möglich, Entscheidungsregeln für den Zugriff auf Inhalte zu entwickeln, die den digitalen Umsatz maximieren (Online-Werbeerlöse als auch Verkauf von Abonnements). Wenn ein Besucher beispielsweise einen Adblocker verwendet, generiert er keinen Anzeigenumsatz; Sie können sich also überlegen, ihm eine

Bezahlschranke einzublenden. Wenn ein Leser jedoch zweihundert Artikel pro Monat liest und dabei 20 Euro an Werbeeinnahmen generiert, können Sie ihm uneingeschränkten Zugriff auf Inhalte gewähren, insbesondere, wenn Sie wissen, dass die Wahrscheinlichkeit, dass dieser Leser ein Abonnement abschließt, sehr gering ist. Indem Listener die vergangenen Reaktionen auf Abonnementangebote aufgezeichnet hat, ist es anhand dieser Daten möglich, für jeden einzelnen Websitebesucher vorauszusagen, wie wahrscheinlich es ist, dass er oder sie sich für ein Abonnement entscheidet.

Fallbeispiel

Maximierung des Online-Umsatzes durch dynamischen Zugang zu Inhalten

Zielsetzung: Ein mittelständischer amerikanischer Verlag wollte auf seiner Nachrichtenseite über die Paywall mehr Abonnenten gewinnen, ohne dabei die Werbeeinnahmen zu gefährden. Man wollte verstehen, wie man die *Metered Paywall* – eine Konstruktion, bei der eine bestimmte Anzahl von Artikeln kostenlos gelesen werden kann, bis man für den Zugang bezahlen muss – gestalten muss, um den gesamten Online-Umsatz zu maximieren.

Herangehensweise: Um zu Einsichten über das Verhalten einzelner Besucher zu kommen, wurden mittels Listener detaillierte Daten über die Interaktion der Kunden mit der Paywall gesammelt. Hierzu wurde das Werbeeinkommen pro Seite und Nutzer analysiert, außerdem wurde für jeden Nutzer die Wahrscheinlichkeit ermittelt, mit der er oder sie ein kostenpflichtiges Abonnement abschließt. Diese Daten wurden in ein auf Excel basierendem anwenderfreundlichen Vorhersagemodell eingegeben. Um die Rendite für verschiedene Szenarien zu bestimmen, ermöglichten wir unserem Kunden, verschiedene Annahmen über Paywall und Online-Werbung einzugeben. Mather unterbreitete dem Kunden Vorschläge zur Modifikation der Paywall. Diese Empfehlungen wurden umgesetzt und die Auswirkungen beobachtet.

Der Anteil der über die Paywall verkauften Abonnements stieg im ersten Monat um fast 15 Prozent, während die Werbeeinnahmen konstant blieben. Es stellte sich heraus, dass bestimmte Rahmenbedingungen (Nutzungsgerät, Ort, Zeitpunkt etc.) einen durchaus signifikanten Einfluss hatten, wichtiger aber war das Besucherverhalten, wie digitale Aktivität und Anzahl gelesener Artikel. Dank dieser Analyse und der anschließenden Optimierung wird dem Verleger nun das Potenzial der Inhalte sowie der Besucher seiner Website deutlich, sowohl für den Verkauf von Abonnements als auch für die Generierung von Werbeeinnahmen.

Fallbeispiel

Einsatz von Listener zur Analyse der Besucherrendite

Zielsetzung: Die Leserschaft eines amerikanischen Online-Medienunternehmens in einer Stadt mit zwei Baseballteams in der Major League war groß genug, um neben dem Hauptprodukt ein separates Online-Sportprodukt anzubieten. Unser Kunde wollte per Gruppe beziehungsweise Team wissen, bei welchem Umfang kostenlos zur Verfügung gestellte Inhalte den Online-Umsatz maximieren würden.

Herangehensweise: Eines der beiden Baseballteams hatte Fans im ganzen Land, während die Fans des anderen Teams fast ausschließlich aus der Gegend stammten. Das Team mit dem lokalen Publikum generierte viel mehr Besucher, die teure Anzeigen zu sehen bekamen, weil sie direkt von lokalen Anzeigenkunden gekauft wurden. Bei der anderen Mannschaft bestand fast die Hälfte der Besucher aus Fans, die nicht in der Gegend wohnten. Diese Besucher sahen billigere, weniger spezialisierte Werbung, die durch Online-Auktionen eingekauft worden waren.

Da sich das überregionale Publikum über die Entwicklungen ihres Teams auf dem Laufenden halten wollte, aber über ihre lokalen Sportkanäle keine ausreichenden Informationen erhielten, lag bei diesen Fans die Wahrscheinlichkeit, dass sie ein Abonnement abschließen würden, viel höher. Den Fans des lokalen Teams hingegen standen neben der lokalen Zeitung viel mehr alternative Kanäle zur Verfügung. Bei ihnen lag dann auch die Wahrscheinlichkeit, dass sie ein Abonnement abschließen würden, viel niedriger. Darüber hinaus wies diese Gruppe auch charakteristische Eigenschaften auf, die darauf hindeuten, dass sie weniger geneigt sein würden, ein Abonnement abzuschließen, so waren sie jünger und nutzen zum Lesen häufiger ihr Smartphone.

Ergebnisse: Die CLV-Berechnung mittels Listener erhobener Daten zeigte, dass es sinnvoll war, den Fans des Teams mit der lokalen Zielgruppe mehr kostenlose Inhalte anzubieten als den Fans des Teams mit überregionaler Fangemeinde. Im Fall einer Paywall erwiesen sich die zu erwartenden Werbeeinnahmen von lokalen Fans höher als die Einnahmen aus Abonnementverkäufen. Bei der Mannschaft mit dem überregionalen Publikum war das Umgekehrte der Fall.

15 Yield-Management im Abonnementgeschäft

Unternehmen, die ihre Einnahmen über ein Abomodell oder andere Formen wiederkehrender Einnahmen generieren, haben gegenüber anderen Unternehmen einen großen Vorteil: Sie haben viel intensiveren Kontakt zu ihren Kunden und können das Verhalten eines Kunden im Laufe der Zeit beobachten und ihre Dienste entsprechend anpassen, um so den CLV zu maximieren. Hierbei stellt der Preis des Produkts oder der Dienstleistung eine der Möglichkeiten dar, die Beziehung zu den Kunden zu beeinflussen.

Als wir von Mather Economics zum ersten Mal mit Verlagen zusammenarbeiteten, fiel uns auf, dass sie über viele demografische Daten ihres Abonnentenstamms verfügten, diese aber nicht für ihre Betriebsführung nutzten. Die demografischen Daten wurden nur dafür eingesetzt, Anzeigenkunden zu halten oder neue zu gewinnen. Denen zeigte man das demografische Profil der Leser, die geografische Verteilung nach Postleitzahlen und veranschaulichte anhand dieser Daten die Überschneidung der Leser mit der Zielgruppe des Werbekunden. Die Verlage verwendeten diese demografischen Daten jedoch nicht, um vorherzusagen, welche Personen nach einer Preiserhöhung oder aus anderen Gründen höchstwahrscheinlich ihr Abonnement kündigen würden oder wer an einer Verlängerung beziehungsweise einer Erweiterung seines Abonnements interessiert wäre.

Im Jahr 2002 arbeitete Matt Lindsay für Knight Ridder, dem damals zweitgrößten Zeitungsverlag Amerikas. Da sich das

Medienunternehmen, trotz großer Rabatte auf Abopreise, seit einigen Jahren mit einer schrumpfenden Leserschaft und sinkenden Umsätzen konfrontiert sah, hatte Knight Ridder Matt Lindsay beauftragt, die Preispolitik ihrer Abonnements zu analysieren. „Wir hatten jemanden mit einem MBA-Abschluss aus Harvard eingestellt, um die Ursachen untersuchen zu lassen, er konnte aber keine relevanten Muster finden", sagten sie ihm. „Wir sind davon überzeugt, dass du auch nichts finden wirst, aber wir geben dir eine Chance."

Um die Analyse durchführen zu können, stellte Knight Ridder Daten aus dem Aboverwaltungssystem einer ihrer Zeitungen, der St. Paul Pioneer Press, zur Verfügung. Als Lindsay Grafiken der Kundenbindungsrate anhand dieser Daten erstellte, fiel ihm auf, dass sie den Daten, die er während einer Studie zur Lebenserwartung von Patienten gesehen hatte, bemerkenswert ähnlich waren. Diese Parallele brachte ihn auf die Idee, ‚Modelle der Überlebenswahrscheinlichkeit' zu verwenden, um die Retention und Preiselastizität von Abonnenten vorherzusagen.

Die sogenannten Überlebensmodelle werden im Rahmen der statistischen Analyse von Patientendaten erstellt. Diese ökonometrische Methode wird zum Beispiel auch verwendet, um die Lebensdauer von Maschinen vorherzusagen. In der Gesundheitsversorgung dienen Überlebensmodelle dem Zweck, die Faktoren, die Einfluss auf die Lebenserwartung eines Patienten haben, besser zu verstehen. Das in der Gesundheitsversorgung prognostizierte Ereignis ist der Tod eines Patienten. Die Übertragung dieses analytischen Ansatzes auf den Zeitungssektor ermöglichte es vorauszusagen, wie lange ein bestimmter Abonnent Kunde bleiben würde. Für Verleger ist das Thema also etwas weniger morbide: es geht lediglich um die Kündigung eines Abonnements.

Die Anwendung dieser Methode verdeutlichte den signifikanten Einfluss von Preiserhöhungen auf die Wahrscheinlichkeit von Kundenabwanderung. Der Preisanstieg zeigte in den verschiedenen Kundensegmenten jedoch sehr unterschiedliche Auswirkungen. Für bestimmte Kundengruppen war die Wahrscheinlichkeit, dass sie nach einer Preiserhöhung ihr Abonnement kündigen würden, zwanzig Mal höher als bei anderen Gruppen. Schon bald wurde deutlich, dass eine Einheitspreispolitik für Verlage nicht unbedingt die beste Strategie darstellt. Wie andere Sektoren, die einem starken Wandel ausgesetzt waren, wie etwa die Luftfahrt und der Hotelsektor, musste die amerikanische Verlagsbranche mit innovativen Preisanalysen arbeiten, wenn sie ihren Umsatz und ihre Verkaufsmargen halten wollte.

Um diese Erkenntnis zu überprüfen, wurden zunächst gezielte Preisanpassungen bei Abonnentengruppen getestet, von denen wir von Mather Economics erwarteten, dass sie bereit wären, mehr für das Produkt zu zahlen. Regelmäßig mussten wir feststellen, dass Verlage aufgrund der Annahme, dass niedrige Preise mehr Abonnenten anziehen würden, was wiederum zu höheren Werbeeinnahmen führen würde, Abopreise hantierten, die unter dem optimalen Preis lagen. Die ersten Tests zeigten, dass Preiserhöhungen nicht zwangsläufig zu Abokündigungen führten, bei bestimmten Kundengruppen jedoch durchaus eine heftige negative Resonanz hervorrief.

Schließlich entwickelte Mather Economics einen Service, bei dem die Verleger wöchentlich ihre Abonnentendaten senden, anhand derer wir dann Empfehlungen zu den optimalen Abopreisen errechnen. Wir setzen Kontrollgruppen ein, um die Auswirkungen auf die Kundenbindung und den Umsatz zu messen. Die Ergebnisse waren und sind in fast allen Fällen positiv. Derzeit führen wir diese Analyse für etwa fünfhundert Printmedien in zwölf Ländern auf vier Kontinenten durch.

Es ist eigentlich nur logisch, dass die Abokündigungswahrscheinlichkeit zunimmt, wenn der Bezugspreis erheblich erhöht wird. Dies ändert aber nichts an der Tatsache, dass die individuelle Preissensitivität innerhalb des Kundenstamms eines Verlages stark variiert. Unsere umfassende Kenntnis dieser Unterschiede und deren Ursachen kann dazu genutzt werden, die Kündigungszahlen, die im Zusammenhang mit Preiserhöhungen stehen, zu begrenzen und die Kündigungsrate um bis zu 75 Prozent zu verringern.

Sie fragen sich vielleicht, wie man in einer Relationship-Economy unterschiedliche Preise für das gleiche Produkt verlangen kann. Welcher Grad an Preisdiskriminierung akzeptabel ist, hängt nicht nur von der Art des Unternehmens oder der Organisation ab, sondern unterliegt auch dem Einfluss des kulturellen Umfelds. NRC vertritt eine Preispolitik, bei der die Differenzierung pro Produkt erfolgt und sonst keine weitere Segmentierung stattfindet. In Amerika hingegen werden differenzierte Preise manchmal mit progressiven Steuern verglichen. Es leuchtet uns ja auch ein, dass nicht jeder jedes Jahr die gleiche Steuer zahlt, weil dies vom Einkommen und den jeweiligen Lebensumständen abhängt. Ein Zeitungsabonnement, das fünfhundert Euro pro Jahr kostet, ist prozentual gesehen für einen Lehrer ein viel höherer Kostenfaktor als für einen Banker. Man könnte beispielsweise so argumentieren, dass investigativer Journalismus dem öffentlichen Interesse dient. Differenzierte Preise könnten demzufolge als etwas betrachtet werden, das der Gesellschaft insgesamt zugutekommt: so wird nicht nur die Finanzierbarkeit der journalistischen Berichterstattung garantiert, sondern auch ein besserer Zugang zu unabhängigen Nachrichten sichergestellt.

In den USA haben wir von Mather Economics viele Studien zum Einfluss des Einkommens auf Preissensibilität durchgeführt. Erwartungsgemäß sind Kunden mit höheren Einkommen weniger anfällig für Preissteigerungen als Kunden mit niedrigeren Einkommen. Nach vier Jahren sind bei einer repräsentativen Abonnentengruppe von denjenigen mit einem hohen Einkommen noch etwa doppelt so viele Abonnenten vorhanden als von denjenigen mit einem geringen Einkommen. Dieses Ergebnis legt nahe, dass bei der Festlegung der Preispolitik und von Kundenbindungsstrategien Einkommen eine relevante Variable darstellt.

Wenn man die Daten zur Retention weiter aufschlüsselt und man Abonnenten pro Vertriebskanal isoliert betrachtet, zeigt sich, dass innerhalb der Vertriebskanäle der Effekt des Monatseinkommens auf die Kundenbindung viel geringer ist. Obwohl die Retention von Kunden mit einem höheren Einkommen auch dann noch höher ausfällt, sind die Unterschiede zwischen den verschiedenen Einkommensniveaus vor allem in den ersten Jahren nach Aboabschluss deutlich geringer.

Dies sind nur zwei der Faktoren, die die Wahrscheinlichkeit der Kundenabwanderung beeinflussen und die wir in unsere Überlebensmodelle einbeziehen. Andere Variablen betreffen die Abolaufzeit, die Zahlungsart, saisonale Muster, demografische Variablen und makroökonomische Indikatoren.

Ein Vorteil von Regressionsmodellen (wie Überlebensanalysen) besteht darin, dass man die Effekte aller relevanten Faktoren getrennt messen kann. Visualisierungstools können hierbei sehr nützlich sein, um die Zusammenhänge zwischen den Daten sichtbar zu machen und um die Ergebnisse einem breiten Publikum zu präsentieren. Sie können Regressionsmodelle gut in Kombination mit A/B-Tests und in kurzen Intervallen erstellten Berichten und Aktualisierungen verwenden. Denn so entsteht ein Prozess, bei dem die Preisgestaltung und die Kundenbindungsrate ständig optimiert werden, da die Erkenntnisse aus zurückliegenden Preisänderungen in die neuen Prognosemodelle einfließen. Dies kommt der Effizienz und Leistungsfähigkeit der Preisstrategie zugute.

Bei digitalen Abonnements erhöht sich die Anzahl der Variablen, die in Überlebensmodellen einbezogen werden können, signifikant. Bei Modellen zur Retention digitaler Abonnenten spielt in jeden Fall eine Reihe von prädiktiven Variablen eine wichtige Rolle. Diese Variablen kann man in Daten über Konsumverhalten, Interaktion, Kundenverhalten, Zeit und sozioökonomischen Status unterteilen.

Die Daten zum Konsumverhalten beinhalten Informationen darüber, wie oft, wie viel und wie lange ein Abonnent Online-Inhalte für einen bestimmten Zeitraum konsumiert. Die Daten zur Interaktion beziehen sich auf die Dinge, die Kunden tun, während sie auf der Website sind, zum Beispiel Scrollen oder Klicken. Die Daten zum Verhalten spiegeln für den jeweiligen Kunden wie stark er oder sie an einem Thema interessiert ist oder sich mit einer Gemeinschaft verbunden fühlt. Die zeitbezogenen Daten geben an, wie lange ein Besucher bereits auf der Site aktiv ist und ob er ein Konto hat. Die sozioökonomischen Informationen werden häufig aus externen Quellen extrahiert und sind nützlich, um die Wahrscheinlichkeit zu prognostizieren, mit der ein Besucher Abonnent wird: es handelt sich hierbei um Daten zu Themen wie Einkommen, Preissensibilität, Alter, Geschlecht, Bildungsgrad und Haushaltsgröße.

Mit den Erkenntnissen aus Analysen zur Überlebenswahrscheinlichkeit sowie anderer Arten von Kundenanalyse haben wir Anpassungen an den Strategien zur Kundenbindung, operativen Prozessen und Preisen vorgenommen.

Maßnahmen dieser Art können in kurzer Zeit die Kundenabwanderung um 15 Prozent reduzieren. Und je mehr Verleger von ihren Bemühungen in diesem Bereich lernen, desto stärker steigt dieser Prozentsatz. Wie gesagt, die auf Datenanalyse basierende Preiskalkulation kann preisbedingte Kündigungen um bis zu 75 Prozent reduzieren.

Angesichts des anhaltenden Rückgangs der Werbeeinnahmen von klassischen Medien wie Tageszeitungen ist davon auszugehen, dass in Zukunft ein steigender Anteil des Verlagsumsatzes direkt von den Lesern kommt. Die erfolgreiche Nutzung von Daten und Analysen zur bestmöglichen Formulierung von Strategien zur Kundenwerbung und -bindung sowie zur Preisgestaltung wird darüber entscheiden, welche Verlage beziehungsweise Medienunternehmen überleben und welche letztendlich untergehen werden.

Hierbei muss jedoch beachtet werden, dass Preiselastizitätsanalysen nur der erste Schritt zu einem effektiven Yield-Management darstellen. Um die Erkenntnisse in der Praxis nutzen zu können, müssen auch technische Anpassungen an den Rechnungstellungs- und CRM-Systemen vorgenommen werden, ebenso ist die Entwicklung von Verfahren für periodische Auswertungen und Berichterstellungen erforderlich. Auf diese Weise können die Wirksamkeit von Preisänderungen überwacht und rechtzeitig Maßnahmen zur Kurskorrektur vorgenommen werden.

Ein Element, das häufig übersehen wird, für ein erfolgreiches Yield-Management aber unerlässlich ist, ist eine gut durchdachte Kundenkommunikation über Themen wie die Verlängerung eines Abonnements, Angebote oder Preisänderungen. Der Kundenservice muss mit Handbüchern, die Antworten auf die Fragen der Abonnenten enthalten, ausgestattet werden, Rechnungen und E-Mailvorlagen müssen angepasst werden. Nach unserer Erfahrung hat die

Kommunikation mit dem Kunden einen wesentlichen Einfluss auf die Rendite der jeweiligen Preispolitik.

Für Unternehmen, die ihren Kundenumsatz optimieren möchten, ist die Kombination von harten Analysen mit einem ‚weichen' Kundenbeziehungsmanagement unerlässlich. Bei Mather Economics haben wir Hunderte von Unternehmen im Rahmen des Yield-Managements in den Bereichen Analyse, Sondierung, Berichterstellung und Kommunikation unterstützt. Wir haben Berichtvorlagen und KPIs entwickelt, die sowohl die harte als auch die weiche Seite widerspiegeln. Hier liegt für viele unserer Kunden unser Mehrwert. Wir wissen, wie wir mit Kunden kommunizieren und wie wir Preisanpassungen erklären können, Dinge, die für die Kundenbeziehung genauso wichtig sind wie die richtige Preisgestaltung.

Fallbeispiel

Verringern Sie preisbedingte Kündigungen durch individualisierte Abopreise

Zielsetzung: Ein mittelständischer amerikanischer Medienverlag, der sich mit einem Rückgang an Werbeeinnahmen konfrontiert sah, hatte sich vorgenommen, diesen durch eine Erhöhung des Aboumsatzes bei gleichzeitigem Rückgang der Kundenabwanderung zu kompensieren.

Herangehensweise: Mather Economics analysierte die Kundendaten und erstellten eine Prognose zur Preiselastizität. Auf Grundlage dessen ermittelten wir für den Zeitpunkt, zu dem eine Verlängerung des Abonnements ansteht, das jeweils optimale Angebot. Wir prognostizierten die Auswirkungen der Preisänderungen auf den erwarteten Gesamtumsatz und auf die Anzahl der Abonnenten. Wöchentlich gaben wir für jeden einzelnen Abonnenten, für dessen Abo eine Verlängerung anstand, eine Empfehlung zum idealen Preis ab. Die Ergebnisse der Testgruppe, deren Teilnehmer eine individuell optimierte Preiserhöhung erhalten hatten, wurden mit denen einer Kontrollgruppe verglichen, die keine Preiserhöhung erhielt.

Ergebnisse: Die Ermittlung des optimalen Preises pro einzelnem Kunden hatte nach neun Monaten zu einer Umsatzsteigerung von 8,7% geführt, während die Anzahl der Abokündigungen nur um 1,38 Prozentpunkte gestiegen war. Die Ergebnisse wurden ständig überwacht, während das Modell auf Grundlage der jeweiligen Ergebnisse optimiert wurde.

Das folgende Diagramm zeigt die Retentionsrate der Gruppe mit Preiserhöhung und der Kontrollgruppe, basierend auf dem Mather-Modell.

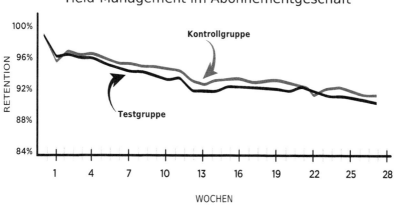

Die Differenz zwischen der Kundenbindungsrate der Testgruppe (mit optimierter Preiserhöhung) und der Kontrollgruppe (ohne Preiserhöhung) ist gering, d.h. die Kündigungsrate liegt nur 1,38 Prozentpunkte höher.

Überlegungen zur Preisoptimierung

In der Medienbranche ist man für gewöhnlich mit der Dynamik und den Analyseverfahren rund um Preisoptimierung von Abonnements weniger vertraut. Dafür gibt es eine Reihe von Gründen. Erstens werden die CEOs in dieser Branche häufig aus der Redaktion oder der Werbung rekrutiert. In der Vergangenheit erzielten die Verlage mit dieser Strategie relativ hohe Gewinne, so dass die Optimierung des Aboverkaufs keine Priorität hatte. Die wichtigsten Einnahmen waren die Werbeeinnahmen. Die Abopreise wurden einmal jährlich mit einer sogenannten Flatfee erhöht, ohne dass Zeitungsverlage hierfür Analysen nutzen oder auf irgendeine andere Weise ermittelten, wie viele Abonnenten eine Preiserhöhung kosten würde. Das Aufkommen des Internets und die damit einhergehende Flut an kostenlosen Informationen, die uns tagtäglich zur Verfügung steht, haben in den vergangenen Jahren zu dramatischen Veränderungen in der Nachrichtenbranche geführt. Der Anzeigenumsatz und die Rentabilität von Medienunternehmen sind stark unter Druck geraten. Dadurch haben Aboumsatz und Preisoptimierung deutlich an Bedeutung gewonnen.

Preisentscheidungen haben jedoch nicht nur Auswirkungen auf den Umsatz und die Anzahl der Bestands- und Neuabonnenten, sondern auch auf die Kundenbeziehung. Preisoptimierung kann im Rahmen jeder denkbaren Segmentierung erfolgen, von einem Preis für alles und jeden bis zu einem individualisierten Preis pro Kunde und Produkt. Je nach Strategie und Marktbedingungen bevorzugen einige Unternehmen eine geringere und andere eine stärkere Preisdifferenzierung. Dazu gibt eine Reihe von Überlegungen, die wir hier diskutieren möchten.

Volumen oder Marge

Signifikante Preissteigerungen können zu einem Rückgang der Kundenzahl führen, bei gleichzeitigem Wachstum der Marge. Umgekehrt kann man den Preis niedrig halten, um so viele Kunden wie möglich anzuziehen, dies führt aber in der Regel nicht zur höchsten Marge. Mit anderen Worten, Volumen und Marge gehen nicht immer Hand in Hand. Wenn Unternehmen sich zwischen diesen beiden entscheiden müssen, sollten mehrere Faktoren berücksichtigt werden. Ein Unternehmen mit gesellschaftlichem Auftrag wie ein Zeitungsunternehmen wird wahrscheinlich die Anzahl der Kunden für wichtiger erachten als die Marge. Diese Haltung kann sich jedoch ändern, wenn das Überleben der Zeitung gefährdet ist.

Ein weiterer Aspekt ist, dass eine große Anzahl von Kunden indirekt zu mehr Umsatz führen kann. Ein großer Kundenstamm an Abonnenten generiert beispielsweise neben dem Aboumsatz auch Werbeeinnahmen. Bei einer Spielanwendung kann eine große Anzahl von Downloads zu Einkünften aus In-App-Käufen führen. Je größer diese Umsatzströme sind, desto bestimmender ist das Kundenvolumen für den Produktpreis (die Zeitung oder die App). Bei der Preisoptimierung ist es unerlässlich, diese indirekten Einnahmen in die Prognosemodelle einzubeziehen, um den Gesamtumsatz zu optimieren. Da der Produktpreis sich auf verschiedene Einnahmequellen auswirkt, bedeutet dies auch, dass mehrere Abteilungen an der Planung und Ausführung der Preisstrategie beteiligt sind.

Sukzessive oder schnell

Wenn Ihr Unternehmen in Gefahr ist und Sie schnell zusätzlichen Umsatz benötigen, müssen Sie zügig schalten und große Schritte in der Preisgestaltung unternehmen. Mit einer idealen, langsameren, das heißt sukzessiven Preisimplementierung hingegen testen Sie im Laufe der Zeit unterschiedliche Preisstrategien mit kleineren Gruppen. Es wird einige Monate dauern, bis die ersten Ergebnisse vorliegen und wahrscheinlich noch länger, bis Sie signifikante zusätzliche Umsätze erzielt haben. Sicher ist jedoch, dass sich die Ergebnisse bei einer schrittweisen Einführung eher der optimalen Preisstrategie entsprechen.

Lighttech oder Hightech

Möglicherweise haben Sie Bedenken wegen der bevorstehenden Zeitinvestition Ihres IT-Teams in Systemänderungen, um segmentierte Preise überhaupt verarbeiten oder die richtigen Daten bereitstellen zu können. In der Regel ist der Aufwand überschaubar und fallen die IT-Investitionen kleiner aus, als unsere Kunden zunächst befürchtet hatten. Für die Erstellung von Preiselastizitätsmodellen können viele verschiedene Arten von Datenformaten verwendet werden, und die meisten Aboverwaltungssysteme können mit unterschiedlichen Preisen für ein Produkt operieren. Insbesondere wenn die Anzahl der Preispunkte begrenzt ist, halten sich die Änderungen am IT-System überwiegend sehr im Rahmen. Sollte sich herausstellen, dass sich der IT-Bereich Ihres Unternehmens mit großen Herausforderungen konfrontiert sieht, ist es in der Regel auch möglich, einen Test mit begrenzten Ressourcen durchzuführen.

Größe und Zusammensetzung der Kontrollgruppe

Es ist von größter Relevanz, dass Sie mit einer Kontrollgruppe arbeiten, um die Effekte Ihrer Preisgestaltung auf die Kundenbindungsrate bewerten zu können. So kann der Effekt der Preisänderung isoliert beziffert werden. Es ist daher in jeder Phase eines Preisgestaltungsprojekts ratsam, eine Kontrollgruppe im Blick zu behalten.

Der Einsatz einer Kontrollgruppe, die normalerweise keine Preisänderung erfährt, kostet jedoch auch Geld: nämlich den Umsatzverlust, der dadurch entsteht, dass diese Kunden keine Preiserhöhung bekommen. Um diesen Verlust so klein wie möglich zu halten, ist die Größe der Kontrollgruppe entscheidend; sie sollte effizient, aber nicht zu groß sein. Eine weitere Möglichkeit um den Verlust zu minimieren, ist den Abopreis der Kontrollgruppe auf andere Art zu erhöhen, beispielsweise mit einem Pauschalbetrag (Flatfee). Dies hat jedoch weniger genaue Ergebnisse in puncto Preiselastizitätsanalyse zur Folge.

Grad der Differenzierung

Wenn es Ihr oberstes Ziel ist, so viel Geld wie möglich zu verdienen, erzielen Sie das beste Ergebnis, wenn Sie für jeden einzelnen Kunden einen optimalen Preis festlegen, d. h. der Tarif eines bestimmten Kunden kann um 20 Prozent steigen, während der Preis seines Nachbarn nur um 2 Prozent erhöht wird.

Eine solche Strategie der ‚optimalen Preisdiskriminierung' kann – muss aber nicht – die Kundenerfahrung oder das Image Ihres Unternehmens beeinträchtigen. Vor diesem Hintergrund kann angebracht sein, sich für eine gröbere Segmentierung zu entscheiden. NRC zum Beispiel ermittelt den optimalen Preis pro Produkt und nicht pro Kunde.

Wenn Sie erst einmal die Unterschiede in der Preiselastizität Ihres Kundenstamms verstanden haben, können Sie entscheiden, inwieweit Differenzierung sinnvoll und akzeptabel ist. Jede Segmentierung ist denkbar, Preise können zum Beispiel pro Alterskohorte, pro Produkt, regional oder pro einzelnen Kunden variieren.

Erforderliche Daten für Preisentscheidungen

Welche Art von Kundendaten wird bei der Analyse der Preiselastizität verwendet? Theoretisch können alle Daten zum Prognosemodell beitragen. Das bedeutet nicht, dass Sie auch alle Daten verwenden möchten. Das gilt vor allem dann, wenn Sie unsere Meinung teilen, dass es ethische Grenzen bei der Verwendung von Daten gibt (siehe Teil 3).

Gibt es Datenkategorien, die Sie und Ihre Kunden als sensibel betrachten? Ist die Verwendung bestimmter Daten oder die Anwendung bestimmter Verfahren gesetzlich untersagt? Unsere Empfehlung lautet, diese nicht in die Modelle aufzunehmen. Daten über Geschlecht, Alter, Leseverhalten, Einkommen und Bildung beispielsweise können zweifelsohne einen wertvollen Beitrag zur Genauigkeit der Preismodelle leisten, aber Sie sollten sich fragen, ob Sie die Verwendung dieser Daten rechtfertigen können. Darüber hinaus sind einfache Abonnementdaten, wie beispielsweise die Anzahl der Jahre, die ein Kunde bereits ein Abonnement bezieht, häufig die besten Prädiktoren für die Preiselastizität, ebenso wie der Grad der digitalen Aktivität eines Abonnenten.

16 Den Akquisitionspreis optimieren

Die Wechselwirkung von Volumen und Preis gilt nicht nur für die Neukundenwerbung, sondern auch für Bestandsabonnenten. Der Unterschied liegt jedoch in der Entwicklung künftiger Gewinne. Der mit einem neuen Kunden erzielte Gewinn kann exponentiell steigen, weil mit der Akquisition zunächst Kosten verbunden sind (z.B. Provisionen für Verkäufer), die in den Folgejahren entfallen. Darüber hinaus zahlt der Neukunde, dessen Abo mit einem Werbepreis startet, in Zukunft mit hoher Wahrscheinlichkeit einen höheren Preis.

Die Prognose der künftigen Marge eines Neukunden hängt entscheidend von der prognostizierten Retentionskurve des Abonnenten ab (anders gesagt von der Wahrscheinlichkeit, ob er auch in Zukunft ein aktiver Kunde sein wird). Wie bereits erwähnt, sind zur Erzeugung von Retentionskurven die Verfahren zur Ermittlung der Überlebensraten besonders gut geeignet.

Hierbei wird eine Anzahl von Effekten berücksichtigt. Ein bekannter Effekt ist, dass ein höherer Akquisitionspreis zu einer besseren Kundenbindung führt. Wenn man diesen Effekt isoliert betrachtet, kann man die inkrementelle Verbesserung der Retention bei einer Erhöhung des Akquisitionspreises vorhersagen. Ein weiterer Effekt ist, dass die Preiselastizität der Abonnenten im Laufe der Zeit abnimmt. Wie bereits im vorigen Kapitel erwähnt, ist die Abolaufzeit ein wichtiger Prädiktor für die Preiselastizität.

Ein höherer Werbepreis führt zwar zu einer besseren Kundenbindung, verringert gleichzeitig aber auch die Wahrscheinlichkeit, dass ein Interessent ein Abonnement abschließen wird. Mit anderen ökonometrischen Modellen, wie Discrete-Choice-Modellen, ist es möglich, die Auswirkung von Akquisitionspreisen auf die Wahrscheinlichkeit, ob ein Kunde ein Angebot annehmen wird, vorherzusagen. Mit anderen Worten: wie preiselastisch der jeweilige Kunde ist.

Neukunden, die weniger bezahlen, werden – ceteris paribus – voraussichtlich schneller wieder abwandern als Kunden, die von Anfang an einen höheren Preis zahlen. Dies liegt daran, dass der Preis während der Akquisitionsphase als Filter fungiert. Kunden, die ein Angebot zu einem höheren Preis annehmen, haben mehr Vertrauen in ihren Ankauf und wollen das Produkt nicht ‚nur' ausprobieren. Die Kunden hingegen, die ein Produkt zu einem niedrigen Aktionspreis gekauft haben, werden auch in Zukunft weniger bereit sein, den vollen Preis zu bezahlen.

Das Ziel bei der Ermittlung des optimalen Werbepreises lautet, das Angebot zu bestimmen, das den CLV aller damit rekrutierten Neukunden maximiert. Wir von Mather prognostizieren dabei sowohl die Anzahl der Neukunden als auch die individuelle Kundenlebensdauer, für unterschiedliche Preise und Rabattzeiten.

Fallbeispiel

Wie die Optimierung von Werbepreisen zu einem Umsatzplus von 152 Prozent führte

Zielsetzung: Ein großer amerikanischer Zeitungsverlag wollte den Rücklauf auf seine Kampagnen verbessern, ohne dass dies auf Kosten des Verkaufs gehen sollte. Die Rücklaufquote bei Direktmailings lag sowohl bei Mailings an Ex-Abonnenten als auch an potentielle Kunden aus extern erworbenen Datensätzen unter 1 Prozent. Viele dieser Mailings kosteten daher mehr, als sie einbrachten.

Herangehensweise: Wir entwickelten eine Versuchsreihe, in der verschiedene Aussagen getestet wurden. Die Kunden der Kontrollgruppe erhielten für jedes Produkt das Standardangebot, die der Testgruppe kundenindividuelle Angebote.

Ergebnisse: In der Testgruppe gab es eine signifikante Steigerung bei der Werbung ehemaliger Abonnenten, bei den externen Datensätzen steigerte sich der Rücklauf nur minimal. In der Gruppe der Ex-Abonnenten stieg der Umsatz um 152 Prozent, so dass die Rendite der Kampagne von 4 auf 34 Dollar stieg.

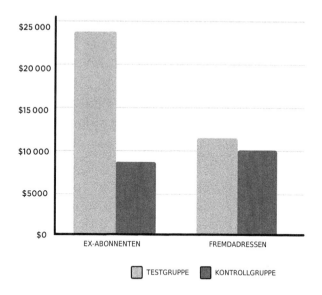

Ein Umsatzplus von 152 % aufgrund der signifikanten Steigerung des Rücklaufs bei Ex-Kunden dank kundenindividueller Angebote.

Die wichtigsten Punkte

- CLV ist eine leistungsstarke Kennzahl, um den Wert von Kundenbeziehungen wiederzugeben, und ist in vielen analytischen Modellen nützlich.
- In prädiktiven Modellen für Preisstrategien und bei der Optimierung der Kundengewinnung liefert die Pro-Kopf-Analyse die unverfälschteste und damit zuverlässigste Grundlage.
- Bottom-up-Prognosen für den abobasierten Umsatz sind genauer und aussagekräftiger als Top-down-Prognosen.
- Bei der Analyse der Rentabilität von Kundenbeziehungen sollten alle Einnahmequellen (Anzeigen- und Vertriebserlöse) einbezogen werden.
- Legen Sie bei der Ermittlung der Rentabilität von Kundengruppen die Grenzkosten zugrunde, die bei dieser Analyse relevanter sind als die Fixkosten.
- Yield-Management für Abonnements durch Preisoptimierung kann den Umsatz erheblich steigern und die Kundenfluktuation minimieren.
- Ermitteln Sie Ihre eigene Preisstrategie: Welche Segmentierung ist akzeptabel, welche Daten möchten Sie dafür einsetzen, wie groß dürfen die notwendigen Schritte sein und wie viel IT-Kapazität möchten Sie bereitstellen?

Teil 5

Werkzeuge für das Customer-Experience-Management

In diesem letzten Teil gehen wir auf einige Werkzeuge ein, die Ihnen helfen, die Bedürfnisse von Kunden, Ihres Personals oder überhaupt von anderen zu verstehen. Wir nutzen diese Tools zur Prozessverbesserung, bei der Produktentwicklung und Entscheidungsfindung sowie um die Zusammenarbeit zu verbessern.

17 Die Design-Thinking-Methode

Bei NRC haben wir regelmäßig ‚Design-Thinking' eingesetzt, unter anderem bei der Entwicklung von Marken, Websites sowie einer neuen Beilage unserer Zeitung in Form eines Magazins. Wir verwenden hierbei die sogenannte d.school-Methode der Stanford University, die von den Kelley-Brüdern entwickelt wurde.[24] Das hierfür notwendige Material ist kostenlos in Englisch auf der Website dschool.stanford.edu unter ‚Ressources' erhältlich. Dieses Kapitel enthält eine komprimierte Schritt-für-Schritt-Anleitung, mit der Sie eine Design-Thinking-Session in Ihrem Unternehmen durchführen können.

Die Aufgabe formulieren

Zuallererst wird vom Managementteam eine klare Aufgabenstellung vorgegeben. Darin wird die Kernfrage der anzugehenden Design-Herausforderung definiert. Die Aufgabe muss dabei als eine zu überarbeitende ‚Erfahrung' formuliert werden. Bei diesem Ansatz konzentriert sich der Auftrag nämlich nicht primär auf das zu entwickelnde Produkt oder die zu entwickelnde Dienstleistung. Ein Beispiel: Anstatt nach der Entwicklung eines Jubiläumsprogramms für Abonnenten zu fragen (periodische Kontaktaufnahme mit dem Abonnenten, um die Kundenbeziehung zu pflegen), sollte die Aufgabe besser lauten: wie schaffen wir eine positive Kundenerfahrung mit dem Feiern von Kundenjubiläen? Wenn Sie mit einer solchen Frage beginnen, werden die Teilnehmer Geschichten über besondere Jahrestage in ihrem Leben erzählen, wie sie sich dabei gefühlt haben, welche Emotionen wichtig waren oder eine zentrale Rolle spielten. So konzentrieren sie sich auf Bedürfnisse anstatt auf Funktionen oder die technische Herangehensweise.

Die Gruppe zusammenstellen

Wenn die Aufgabe klar ist, muss eine Gruppe von Personen zusammengestellt werden. Es sollten mindestens zwei Personen sein, nach oben ist die Anzahl der Teilnehmer nicht begrenzt. Wenn jedoch alle ihre Gedanken mit der ganzen Gruppe teilen, ist es besser, mit nicht mehr als zehn Teilnehmern zu arbeiten, da der Prozess sonst zu zeitaufwändig wird. Die Aktivitäten während der Design-Thinking-Session werden immer paarweise durchgeführt, daher ist eine gerade Anzahl von Teilnehmern zweckmäßig. Aufgrund unserer Erfahrungen empfehlen wir, Personen aus unterschiedlichen Disziplinen und mit unterschiedlichen Hintergründen als Teilnehmer auszuwählen und darüber hinaus eine Reihe von realen Kunden an der Session teilnehmen zu lassen. Je stärker der Kunde involviert ist, desto besser ist das Feedback. Ziel ist es schließlich, Ihren Horizont zu erweitern, und eine vielseitig zusammengestellte Gruppe wird die Anzahl neuer Ideen mit Sicherheit erhöhen. Die Gruppe ist nicht hierarchisch aufgebaut, es wird jedoch jemand bestimmt, der die Führung übernimmt und für praktische Angelegenheiten verantwortlich ist, wie die Bereitstellung einer Internetverbindung sowie einen großen Bildschirm und einen Projektor für die Visualisierung.

Material bereithalten

Sie benötigen unter Umständen Bastelmaterial, um Prototypen zu bauen. In jedem Fall benötigen Sie die Handzettel für das Design-Thinking, die Sie über dschool.stanford.edu herunterladen können.

Sowohl für die Gruppendiskussionen als auch für die Einzelgespräche ist es hilfreich, wenn Sie sich alle in einem großen Raum aufhalten. Sollte dies nicht möglich sein, können Einzelgespräche in getrennten Räumen geführt werden.

Die Design-Thinking-Session

Während der Design-Thinking-Sitzung selbst wird die Gruppe in Paare aufgeteilt, die jeweils fünf Phasen durchlaufen: Sich-Einfühlen, Definieren, Ideenentwicklung, Erstellen eines Prototyps und Ausprobieren. Das Ganze sollte so angelegt sein, dass alle Phasen an einem Arbeitstag durchlaufen werden können.

Die erste Phase, das Sich-Einfühlen, beginnt mit einem Zwiegespräch, in dem man sich gegenseitig offene Fragen stellt wie „Wann hast du zuletzt ein Jubiläum gefeiert?" Nach der Antwort versucht der oder die Fragende, durch mehrmals Fragen zu den Gründen (wieso, weshalb, warum) zu stellen, tiefer zu gehen und sich außerdem nach den Emotionen während dieser Erfahrung zu erkundigen. Dabei ist es wichtig, dem Partner das Gefühl zu vermitteln, Experte für das Thema zu sein und herauszufinden, was er oder sie erlebt. Machen Sie sich klar, dass die Probleme, die Sie zu lösen versuchen, selten Ihre eigenen Probleme sind, sondern diejenigen bestimmter Nutzer oder Kunden. Indem Sie sich während des Gesprächs in Ihr Gegenüber einfühlen, gewinnen Sie Einblick in Ihre Kunden und was diese für wichtig halten. Als wir eine Design-Thinking-Session für das NRC-Jubiläumsprogramm abhielten, entwickelten sich besondere Gespräche über Ehen, Geburten und den Tod.

Anschließend wird alles, was der Partner gesagt hat, in Erkenntnisse und Bedürfnisse gefasst. Die Erkenntnisse können zu innovativen Lösungen führen. Die Bedürfnisse sollten als Verben formuliert werden: zum Beispiel das Bedürfnis wertgeschätzt zu werden oder das Bedürfnis Kontakt aufzunehmen. Was ist dem Kunden oder der Benutzerin wirklich wichtig? Welche Emotion sollte ausgelöst werden? Versuchen Sie, das Problem in Worte zu fassen.

Nach dieser Inventarisierung der Bedürfnisse ist es Zeit, sich Gedanken zu deren Befriedigung zu machen. Erarbeiten Sie für das Problem Ihres Gegenübers so viele Lösungen wie möglich. Stellen Sie sich dann die Lösungsvorschläge gegenseitig vor und hören Sie sich das Feedback Ihres Partners an. Widerstehen Sie dem Impuls, Ihre Ideen zu verteidigen. Nutzen Sie die Gelegenheit, von den Gefühlen und Motiven Ihres Partners zu lernen.

Nachdem Sie die Ideen miteinander geteilt und diskutiert haben, ist es an der Zeit, eine neue ‚definitive Lösung' zu entwickeln und für Ihren Partner einen Prototyp zu erstellen. Gestalten Sie diesen Prototyp möglichst konkret, damit Ihr Partner ihn anfassen und etwas damit machen kann. Hier kommt das Bastelmaterial zum Einsatz. Dann probieren Sie den Prototyp aus. Widerstehen Sie wiederum dem Impuls, Ihre Idee zu verteidigen. Beobachten Sie, wie Ihr Partner auf den Prototyp reagiert, was er oder sie mit dem Prototyp macht und lernen Sie daraus.

Am Ende rufen Sie die Gruppen zusammen, dann werden alle Prototypen nebeneinandergelegt. Wer von Ihnen sieht etwas, über das er mehr erfahren möchte? Zu einem späteren Zeitpunkt kann die Gruppe dem Managementteam den besten Prototyp präsentieren. Sie werden garantiert eine Dienstleistung oder ein Produkt präsentieren, die oder das die Kundenbedürfnisse erfüllt.

18 Service-Design

Die Service-Design-Methode ist ein leistungsstarkes Mittel, um mit Kunden in Kontakt zu treten und ihre Bedürfnisse und Frustrationen ans Tageslicht zu befördern.

Beginnen Sie mit einer weit gefassten Frage

Bei der Service-Design-Methode besteht der erste Schritt darin, die Frage zu formulieren, die Sie von Ihren Kunden beantwortet haben möchten. Wenn Sie dies zum ersten Mal tun, können Sie am besten mit einer weit gefassten Kernfrage beginnen. Auf diese Weise können die Kunden Sie in alle möglichen Richtungen führen, und das ist genau das, was Sie zu diesem Zeitpunkt wollen. Zum Beispiel: „Welche Rolle spielt Marke X in Ihrem Leben?" Mithilfe eines Gruppen-Brainstormings können Sie bestimmte Fragen vertieft betrachten, indem Sie verschiedene Teams bitten, Post-its mit ihren Fragen an eine Wand zu heften und sich diese später gegenseitig zu präsentieren. Dies ist die erste Phase, um Einfühlungsvermögen für Ihre Kunden zu entwickeln. Diese Phase führt normalerweise zu verschiedenen Fragenkomplexen.

Erstellen Sie ein Tagebuch

Basierend auf diesen Fragen erstellen Sie ein Tagebuch, das Sie an die Befragten senden, mit der Bitte es auszufüllen, bevor Sie die einzelnen Befragten zu einem persönlichen Interview treffen. Wir nennen diese Phase ‚Sensibilisieren'. Das Tagebuch lässt die Befragten über ihre Kundenerfahrung nachdenken, während die fragenstellende Seite sich bereits vor dem Interview durch die Formulierung der Fragen in den Kunden hineinversetzt.

Das Tagebuch gibt den Befragten die Möglichkeit, kreativ zu sein. Sie können zeichnen, schreiben oder mit Aufklebern arbeiten. Hier einige Beispiele für Tagebuch-Themen:

- Ich bin ...
- Meine Lieblingsbeschäftigung ist ...
- Mein Arbeitstag ...
- Als ich das Produkt zum ersten Mal benutzt habe ...
- Ich war besonders zufrieden mit Ihrem Produkt, als ...
- Ich war sehr enttäuscht, als ...

Die Befragten bekommen einige Wochen Zeit, um die Tagebücher fertig zu stellen und zurückzusenden. Fall Sie weitere Informationen über den Kunden haben, ergänzen Sie diese in der Kundenakte, zum Beispiel, welche Produkte er gekauft hat, Beschwerden aus der Vergangenheit sowie Umsatz und Dauer der Kundenbeziehung. Es kann nützlich sein, diese Informationen während des Interviews zur Hand zu haben, und es hilft Ihnen, sich noch besser in den Kunden hineinzuversetzen.

Nachdem Sie die Tagebücher von den Befragten zurückerhalten haben, gehen Sie für einige Stunden mit dem gesamten Studienteam in Klausur, um jeden einzelnen Kunden eingehend zu betrachten und neue Fragen oder Einsichten aufzuschreiben, die während des Interviews verwendet werden könnten. Nach dieser Sitzung ist es an der Zeit, sich mit den Kunden persönlich zu treffen.

Das Interview

Es ist essentiell, dass das Gespräch, wenn irgend möglich, dort stattfindet, wo der Kunde Ihr Produkt verwendet und wo er sich wohl fühlt. Dies liefert viel persönlichere und reichhaltigere Einblicke, als wenn Sie das Interview an einem anonymen Ort, z. B. in Ihrem Büro oder in einem Marktforschungsinstitut durchführen. Die einzelnen Interviews dauern normalerweise ein bis zwei Stunden.

Einige praktische Hinweise zur Gestaltung der Interviews:

- Vereinbaren Sie mit jedem der Befragten persönlich einen Termin.
- Nehmen Sie einen Kollegen oder eine Kollegin mit. Dann kann einer das Gespräch führen, während der andere die Antworten festhält.
- Thematisieren Sie Ihre eigenen Vorurteile im Vorfeld, so dass Sie sich derer während des Gesprächs bewusst sind, sie so gut wie möglich ignorieren und sich auf das Zuhören konzentrieren können.
- Lassen Sie die Befragten vorab ein Dokument unterzeichnen, in dem sie ihre Erlaubnis für das Interview geben. Geben Sie im Dokument deutlich an, dass die Daten ausschließlich intern verwendet werden.
- Stellen Sie sicher, dass Sie nach der Begrüßung einen persönlichen Kontakt herstellen, um ein gutes Gesprächsklima zu schaffen.
- Eine offene und interessierte Haltung wirkt am effektivsten.
- Erklären Sie Ihrem Gesprächspartner, was Sie mit dem Interview erreichen möchten.
- Sorgen Sie dafür, dass der Akku Ihres Handys vollständig aufgeladen ist und nehmen Sie zur Sicherheit immer das Ladegerät mit. Zeichnen Sie, wenn möglich, das Gespräch auf.
- Notieren Sie bemerkenswerte Aussagen separat. Führen Sie später schriftlich aus, welche Bedeutung diese Aussagen für Ihre Organisation haben.

- Notieren Sie nach Möglichkeit auch den genauen Zeitpunkt, zu dem die Aussage gemachte wurde, damit Sie sie später in der Aufzeichnung leicht wiederfinden können.
- Fassen Sie das, was der Befragte gesagt hat, mündlich zusammen: „Verstehe ich Sie richtig, dass Sie ...?"
- Lassen Sie Gesprächspausen zu, es darf sogar ein bisschen unangenehm werden. Befragte gehen in einer solchen Situation oft tiefer auf das Thema ein und neue Emotionen und Informationen kommen ans Tageslicht.
- Ermuntern Sie Ihre Interviewpartner, tiefer auf Gefühle und Emotionen einzugehen.
- Bitten Sie um Erlaubnis, Fotos von auffälligen Dingen in der Wohnung machen zu dürfen.
- Produzieren Sie mit dem oder der Interviewten ein einminütiges Video mit einer bemerkenswerten Aussage.

Die Ergebnisse

Nachdem Sie das Interview gut dokumentiert haben, indem alle Aussagen vollständig aufgeschrieben wurden und zusätzlich festgehalten wurde, was sie für Sie bedeuten, ist es an der Zeit, alle an der Studie Beteiligten zusammenzurufen, um die gewonnenen Erkenntnisse miteinander zu teilen. Stellen Sie hierbei sicher, dass Sie mindestens drei Stunden Zeit, einen Stapel großer Papierbögen und genügend verschiedenfarbige Post-its zur Verfügung haben. Hängen Sie die verschiedenen Bögen an die Wand und bilden Sie Cluster zu den Themen, die aus den Interviews hervorgegangen sind. Eventuell zeigen Sie einander die Videos, um sich die Kunden so noch einmal zu vergegenwärtigen. Die Interviews können Ihnen zu diesen drei Dingen verhelfen:

- zu einer Liste mit potentiellen Quick Wins;
- zu Personas bestimmter Kundengruppen;
- zu zentralen Ausgangspunkten.

Zentrale Ausgangspunkte sind diejenigen Kundenanforderungen, die von allen Befragten in Bezug auf Ihre Dienstleistung oder Ihr Produkt geteilt werden. Laut Ihren Kunden sind diese Teil der DNA Ihrer Marke.

Personas können erstellt werden, indem definiert wird, in welchen Bereichen sich die Kunden unterscheiden. Dies sind die Spannungsfelder, in denen Kunden sehr unterschiedliche Bedürfnisse aufweisen. Übertragen Sie diese Felder auf Achsen, auf denen Sie Ihre Kunden anordnen können. Idealerweise bestimmen Sie zwei Achsen, aus denen sich vier Personas ergeben, die jeweils unterschiedliche Segmente repräsentieren. In manchen Fällen stellt sich heraus, dass mehr als zwei Achsen von Bedeutung sind.

Wir bei NRC beispielsweise stellten fest, dass das Bedürfnis nach Kontakt bei den Kunden sehr unterschiedlich ausgeprägt ist und dass sich nicht alle in gleichem Maße mit der Zeitung und der Marke identifizierten. Einigen Abonnenten war ein intensiver Kontakt mit uns und anderen Lesern wichtig, während andere keinerlei Bedürfnis nach Kontakt hatten. Einige fühlten sich als Teil einer Community – der Gruppe der NRC-Leser, die bestimmte Werte und Interessen teilen – während andere sich überhaupt nicht mit der Marke identifizierten, und stattdessen angaben, dass sie nur wegen des guten Journalismus und der Objektivität der gebotenen Informationen NRC-Abonnenten waren.

19 Aktives Zuhören

Aktives Zuhören ist eine Gesprächstechnik, die unter anderem in Thomas Gordons Buch ‚Managerkonferenz: Effektives Führungstraining' beschrieben wird.[25] Das Ziel des aktiven oder auch empathischen Zuhörens ist es, die Emotionen und Gefühle eines Menschen zu verstehen. Durch aktives Zuhören vermittelt die zuhörende Person ihrem Gegenüber Folgendes: „Ich verstehe dein Problem, ich weiß, wie du darüber denkst, und ich bin daran interessiert, was du sagst und verurteile dich nicht." Diese Botschaft wird mit Worten und nonverbalem Verhalten überbracht. Das Gegenüber wird so ermutigt, sich rückhaltlos mitzuteilen, ohne sich durch Unterbrechungen oder Kritik verurteilt oder ausgebremst zu fühlen.

Das Wichtigste beim aktiven Zuhören ist, dass man im Gespräch zusammenfasst, was die andere Person Ihrer Meinung nach meint. Dafür muss man versuchen, die tiefer liegenden Bedürfnisse herauszufinden und anschließend in Worte zu fassen. Es ist wie beim Dartspielen: Man trifft nicht jedes Mal ins Schwarze, aber schon der Versuch allein wird gewürdigt.

Erst wenn Sie in Erfahrung gebracht haben, was die wirklichen Bedürfnisse des anderen sind, können Sie über mögliche Lösungen für ein bestimmtes Problem oder eine bestimmte Situation sprechen. Bedürfnisse oder Wünsche lösen im Allgemeinen keinen Widerstand aus, Lösungen schon. Indem Sie überprüfen, in welchem Maße eine Lösungsmöglichkeit den verschiedenen Bedürfnissen entspricht, können Sie bestimmen, ob sie in diesem Fall die geeignete ist.

Beim aktiven Zuhören sollten Sie folgende Punkte beachten:

- Überlassen Sie der anderen Partei die Gesprächsführung.
- Achten Sie genau darauf, was gesagt wird.
- Unterbrechen Sie nicht.
- Stellen Sie offene Fragen.
- Achten Sie darauf, ob Sie Emotionen wahrnehmen.
- Fassen Sie zusammen, was Ihr Gegenüber gesagt hat und versuchen Sie in Worte zu fassen, was Ihrer Meinung nach die zugrundeliegenden Gefühle sind.

Manche Menschen haben mit aktivem Zuhören große Schwierigkeiten. Wenn man versucht herauszufinden, was eine andere Person meint, kann es so wirken, als ob man der anderen Person Recht gibt und gleichzeitig eingesteht, sich selbst geirrt zu haben. Das ist jedoch nicht das, was beim aktiven Zuhören geschieht. Es geht vielmehr darum, zu überprüfen, ob man die andere Person verstanden hat. Es geht um Empathie, die dem oder der anderen das Gefühl vermittelt, gehört zu werden.

20 Die Bedarfsmatrix

Die Problemstellungen einer Organisation können derart komplex sein, dass man den Wald vor lauter Bäumen nicht mehr sieht. Jeder, vom Kunden bis zum Topmanagement, hat Bedürfnisse, die berücksichtigt werden müssen. Die verschiedenen Abteilungen haben unterschiedliche Interessen und die einzelnen Mitglieder dieser Abteilungen verfolgen wiederum unterschiedliche Ziele. Die Finanzabteilung fordert Budgetdisziplin, die IT-Abteilung setzt auf Sicherheit, für die Aktionäre steht die Rendite im Vordergrund und das Personal möchten sich bei der Arbeit wohl und mit seinen Ideen ernst genommen fühlen. Darüber hinaus spielen möglicherweise ethische Fragen eine Rolle und auch rechtliche Aspekte müssen berücksichtigt werden. Ganz zu schweigen von den Bedürfnissen der externen Geschäftspartner und den Kundenbedürfnissen.

Das führt häufig dazu, dass mehrere Personen Lösungen entwickeln, die ihren eigenen Bedürfnissen entsprechen, und anschließend versuchen, andere von ihrer Idee zu überzeugen. Hin und wieder gelingt das, insbesondere dann, wenn die Person, um deren Idee es geht, eine hohe Position innerhalb der Unternehmenshierarchie einnimmt. Diese Methode hat jedoch zwei nicht von der Hand zu weisende Nachteile. Der erste Nachteil ist, dass die Idee nicht die optimale Lösung für das Problem sein muss. Es handelt sich um einen Lösungsansatz, der die Bedürfnisse einer bestimmten Person oder Gruppe erfüllt, das bedeutet aber nicht unbedingt, dass es auch die beste Lösung ist. Der zweite Nachteil besteht darin, dass sich Akteure mit anderen Bedürfnissen übergangen fühlen und nicht berücksichtigt werden. Ihre Motivation die Idee umzusetzen wird entsprechend gering sein. Und es ist nicht auszuschließen, dass diese Personen zu einem späteren Zeitpunkt, wenn sie endlich die Macht oder die Einflussmöglichkeit haben, auf die negative Erfahrung zurückkommen, indem sie etwas Anderes blockieren.

Wir haben eine Methode entwickelt, die zur Lösung komplexer Probleme einen anderen Ansatz bietet: die Bedarfsmatrix. Diese Methode basiert auf den Prinzipien und Techniken des aktiven Zuhörens, wie Thomas Gordon sie einsetzt. Beim Ausfüllen der Matrix versuchen wir zuerst, die Bedürfnisse aller Interessengruppen (einschließlich Kunden und externe Lieferanten) darzustellen, ohne sie zu bewerten. Danach können alle ihre Lösungsansätze einbringen. Im nächsten Schritt werden alle Ideen zur Lösung des Problems dahingehend untersucht, in welchem Maße sie den unterschiedlichen Bedürfnissen dienen. Anschließend kann man gemeinsam festlegen, welche Bedürfnisse Priorität bekommen sollten (gesetzliche Anforderungen beispielsweise können nicht umgangen werden). Schließlich wird gemeinsam entschieden, welche Lösung oder Kombination von Lösungen den Anforderungen am besten gerecht wird. Diese Lösung wird weiterverfolgt. All dies kann in einer Matrix erfasst werden, beispielsweise in Excel. Am besten trägt man die Anforderungen beziehungsweise Bedürfnisse und Wünsche in Zeilen ein, die Lösungen in Spalten und die Bewertung des Anforderungserfüllungspotentials jeder Lösung in die leeren Felder der Tabelle.

Bei der Anwendung dieser Methode haben wir die Erfahrung gemacht, dass sich alle wahrgenommen fühlen, weil alle ihre Gefühle und Bedürfnisse mitteilen dürfen. Dies schafft gegenseitiges Verständnis und den nötigen Rückhalt für die gewählte Lösung. Auch von denjenigen, deren Bedürfnisse nicht optimal bedient werden.

Es folgt ein Beispiel aus der Praxis, bei dem wir diese Matrix verwendet haben. NRC hatte seit Jahren mit großem Erfolg neue Abonnements in einem sogenannten Packagedeal zusammen mit einem iPad an den Mann oder die Frau gebracht, aber nun traten verschiedene Probleme auf. Es war der Verdacht aufgekommen, dass immer mehr Leute nur an dem iPad und nicht an dem NRC-Abo interessiert waren. Zur gleichen Zeit wurde eine neue Gesetzgebung auf den Weg gebracht, die uns dazu zwingen würde, das iPad als Darlehen anzubieten. Mit diesen neuen Rechtsvorschriften würden wir quasi zu einer Art Bank werden, mit allen rechtlichen Beschränkungen, die damit verbunden sind. Die Anzahl der Neuabonnenten, die auf das Angebot eingingen, war gesunken bei gleichbleibendem Arbeitsaufwand. Wir waren der Meinung, dass die Vorlaufzeit für die Lieferung des iPads und für den Start des Abonnements zu lang und dass der gesamte Prozess zu kompliziert geworden war. Zudem war die Zahl der Kunden mit Zahlungsproblemen stark gestiegen. Und wir hatten es bei diesem Angebot mit einer Vielzahl beteiligter Abteilungen und anderer Interessengruppen zu tun. Es gab keine einfache Lösung für all diese Probleme.

Die Problemlöserin Mira Pasveer sprach nacheinander mit Vertretern aller beteiligten Interessengruppen bei NRC, um deren Anforderungen und Bedürfnisse in puncto iPad-Angebot herauszufinden. Sie identifizierte mehr als zwanzig verschiedene Bedürfnisse, die in den Zeilen der Matrix eingetragen wurden. Im gleichen Gespräch befragte sie die Stakeholder auch nach hypothetischen Lösungsansätzen – in dieser Phase wurde noch nicht bewertet, inwieweit die vorgeschlagenen Lösungen überhaupt realisierbar wären. In dieser Phase geht es darum, die Interessengruppen zu ermutigen, möglichst viele Lösungsvorschläge zu entwickeln, auch wenn sie zunächst nicht durchführbar klingen. Diese Lösungen wurden in die Spalten der Matrix eingetragen.

Beim aktiven Zuhören ist es essentiell, dass alle die gleiche Chance haben, gehört und gesehen zu werden. Zu diesem Zweck kommen alle Beteiligten in einem Raum zusammen (normalerweise für ein bis zwei Stunden). Wenn jemand nicht dabei sein kann, sollte das Treffen verschoben werden.

Während dieses Treffens ging Mira Zeile für Zeile die Bedürfnisse durch. Hatte sie die Anforderungen gut verstanden? Hatte die Gruppe die Definition von ‚Bedürfnis' verstanden? Gab es irgendwelche Bedürfnisse oder Anforderungen, die fehlten? Wenn man in einer Gruppe über ein Thema spricht, entstehen oft Emotionen, die vorher noch nicht zum Ausdruck gebracht wurden. Wir empfehlen die Matrix auf einem großen Bildschirm zu zeigen oder auf eine Leinwand zu projizieren, so dass alle einen guten Überblick haben und Anforderungen und Lösungen vor Ort hinzugefügt oder geändert werden können. Auf diese Weise wird für alle Beteiligten sichtbar, dass wirklich jeder und jede Einzelne gehört werden. Nachdem die Bedürfnisse und Anforderungen behandelt wurden, werden die Lösungen in ähnlicher Weise diskutiert.

Nachdem alle in der Gruppe die Möglichkeit hatten, sich zu äußern, ist es Zeit, die Lösungen abzuwägen. Wir ziehen es vor, horizontal zu arbeiten: Wir diskutieren, inwieweit jedes Bedürfnis beziehungsweise jede Anforderung von dem jeweiligen Lösungsvorschlag bedient werden. Wir verwenden hierbei eine Fünf-Punkte-Skala, die von zwei Minuszeichen (keine gute Lösung für diese Anforderung) bis zu zwei Pluszeichen (großartige Lösung) reicht.

20 Die Bedarfsmatrix

Bedürfnisse	Lösungsvorschläge						
	Anzahlung von € 100	max. € 250 in Ratenzahlung	zurück zu 2 bis 4 Angeboten	weitermachen wie gehabt	das iPad-Angebot beenden	Leasingvertrag für iPad	Kreditvereinbarung für iPad
mindestens 3000 Neukunden pro Jahr	-1	-2	-1	1	-2	-1	-1
weniger Wechsel von Bestands-Abonnenten zum iPad	1	2	0	-1	2	1	1
einfache Vertragsabwicklung	0	0	0	0	2	-2	-2
kleinerer Preisunterschied zwischen iPad-Vertrag und regulärem Abo	-1	-2	1	1	2	1	1
Angebotsauswahl für Kunden übersichtlicher	0	0	1	0	1	-1	-2
weniger säumige Kunden	1	2	-1	-1	1	-1	1
keine Bank werden	0	1	0	0	1	0	-2
Kernprodukt verkaufen (Nachrichten, keine Geräte)	-1	-1	-1	-1	2	-1	-1
Kunden mit Interesse an NRC	0	0	-1	-1	1	-1	-1
Einhaltung der Rechtsvorschriften	-1	1	-1	-1	1	1	1
keine Buße	-1	1	-1	-1	1	1	1
keine schlechte PR	-1	1	-1	-1	1	1	1
geringerer Arbeitsaufwand für diverse Abteilungen	-1	-1	-1	-1	2	-2	-2
gutes Gefühl der Bestandskunden in Bezug auf unser Marketing	-1	-1	-1	-1	1	-1	-1
auf iPhone 7 warten	1	1	1	1	-1	1	1
Abwarten, was der Banken- und Telekommunikationssektor tun wird	1	1	1	1	-1	-1	-1
Ergebnis	-5	2	-6	-6	15	-6	-7

Bedarfsmatrix für das iPad-Angebot, in der festgehalten wurde, inwieweit mögliche Lösungen die unterschiedlichen Bedürfnisse erfüllen.

Die gesamte Gruppe muss sich auf die einzelne Bewertung einigen, die im jeweiligen Feld eingetragen wird (in der Regel gelingt das auch). Danach haben Sie eine Vorstellung davon, welche Lösung die meisten Bedürfnisse erfüllt. Anschließend wird ermittelt, welches Bedürfnis höchste Priorität hat, um so zu einer Einigung über die beste Lösung zu kommen. Gelegentlich kommen wir bei diesem Verfahren auch zu einer Kombination von Lösungen.

Bei sehr komplexen Problemstellungen bietet die Bedarfsmatrix eine Möglichkeit, Entscheidungen zu treffen, nachdem allen aktiv zugehört wurde. Die Gruppe ist auf diese Weise viel motivierter, gefundene Lösungen zu implementieren, außerdem sind die Ideen in der Regel viel besser als bei der traditionellen Herangehensweise, bei der sich das Managementteam eine Lösung ausdenkt, die vom Personal umgesetzt werden muss.

Die wichtigsten Punkte

- Mit der Design-Thinking-Methode stellen Sie sicher, dass Ihre Dienstleistung oder Ihr Produkt auf tatsächlichen Kundenbedürfnissen basiert.
- Verwenden Sie Service-Design, um Kundenbedürfnisse zu identifizieren, um Personas zu erstellen und um Ihre Produkte und Dienstleistungen weiterzuentwickeln und zu verbessern.
- Beginnen Sie Service-Design mit weit gefassten Fragen, damit Ihre Kunden Ihnen die richtige Richtung weisen.
- Führen Sie die Interviews mit den Befragten an dem Ort, an dem sie das Produkt verwenden, häufig ist das deren Zuhause.
- Beim aktiven Zuhören geht es darum, zu überprüfen, ob man die Gefühle einer anderen Person verstanden hat.

- Gehen Sie die Lösung komplexer Probleme zusammen mit möglichst vielen Beteiligten mithilfe einer Bedarfsmatrix an.
- Lösungen, die mit Hilfe einer Bedarfsmatrix ausgewählt werden, haben einen breiteren Rückhalt und sind in der Regel besser als top-down auferlegte Lösungen.

Fazit

In diesem Buch haben wir Ihnen erklärt, wie Sie auch im derzeitigen, neuen ökonomischen Zeitalter erfolgreich sein können, dem Zeitalter, das wir ‚Relationship Economy' nennen. Zwei Disziplinen stehen dabei im Mittelpunkt: die Datenanalyse und das Kundenerlebnis.

Beide Bereiche haben jeweils ihren eigenen Wert, die Kombination beider liefert jedoch ein besseres Ergebnis, eines, das größer ist als die Summe der Teile. Wenn man Kundenerlebnis quantifiziert, wird ein ‚weiches' Thema kalkulierbar und messbar. Wenn man die Erkenntnisse aus der Datenanalyse zum Aufbau von Kundenbeziehungen nutzt und sie um die qualitativen Einsichten aus Studien zu den Kundenbedürfnissen ergänzt, kann dies sowohl zur Kundenbindung beitragen als auch die Kundenfluktuation reduzieren und den Wert der Kundenbeziehungen steigern, nicht nur für das Unternehmen, sondern auch für die Kunden selbst.

Uns war es wichtig, den Hype um Big Data zu relativieren. Wir wollten uns ganz darauf konzentrieren, was Datenanalyse zur Steigerung der Geschäftsergebnisse eines Unternehmens beitragen kann. Wir haben Ihnen gezeigt, wie KPIs sowohl die Unternehmenskultur als auch die Leistung verbessern können. Wir haben Methoden beschrieben, um Kundenbedürfnissen zu hören und zu verstehen, durch Datenanalyse sowie durch den direkten Dialog. Wir hoffen, dass Sie dieses Buch ermutigt, neue Preisstrategien auszuprobieren und die Kundenakquise durch den Einsatz von intelligenten Kaufhürden beziehungsweise Kaufanreizen zu optimieren.

Die in den Abschnitten 4 und 5 dieses Buches besprochenen Werkzeuge können Ihnen dabei helfen, die oben beschriebenen Konzepte in die Tat umzusetzen. Wir haben uns bemüht, technische und abstrakte Details so weit wie möglich zu vermeiden, auch auf komplizierte Fachbegriffe haben wir wenn möglich verzichtet; stattdessen haben wir Ihnen zur Veranschaulichung Begebenheiten und Fallbeispiele aus der Praxis vorgestellt.

Hier noch einmal die wichtigsten Ideen dieses Buches in Bezug auf die Verwendung von Daten:

- Lassen Sie das Daten-Team aus dem Business leiten.
- Man benötigt einen Business-Case, um ein Big Data-Projekt zu starten.
- Es gibt ethische Grenzen sowohl bei der Datenerhebung als auch bei der Nutzung von Datenbeständen: Schützen Sie die Privatsphäre Ihrer Kunden und gehen Sie pfleglich mit deren Vertrauen um.
- Analysen sollten immer einem praktischen Zweck dienen.
- Das Verständnis der Preissensitivität lässt sich positiv zur Steigerung der Geschäftsergebnisse einsetzen.

Im Bereich Customer Experience haben wir Ihnen gezeigt, wie man die richtigen Kunden gewinnt und wie man Kundenbeziehungen langfristig pflegt. Wir haben verschiedene Empathie-Methoden besprochen, die Ihnen dabei helfen, Kundenbedürfnisse besser zu verstehen.

Unsere Arbeit ist mit diesem Buch nicht abgeschlossen. Wir entwickeln uns weiter. Wir möchten Sie in die Community von Menschen einladen, die sich in die Relationship Economy vertiefen möchten.

Wir würden gerne von Ihnen und Ihren Erfahrungen lernen; teilen Sie die Herausforderungen, mit denen Sie sich konfrontiert sehen, ebenso wie Ihre Erfolgsgeschichten. Sie können uns unter

matt@mathereconomics.com,
xavier@mathereconomics.com und
matthijs@mathereconomics.com

erreichen. Wir versprechen Ihnen, dass wir jede E-Mail beantworten werden.

Gute Reise.

Danksagung

Ohne die große Unterstützung, die wir von unseren geschätzten Kollegen und Kolleginnen von NRC und Mediahuis erfahren durften, läge dieses Buch jetzt nicht vor Ihnen. An allererster Stelle geht unser Dank an Heiko Imelman, der uns bei der Entwicklung eines effektiven Data-Warehouse auf den richtigen Weg gebracht hat. Heiko war auch der erste, der uns die Kraft von Empathie erfahren ließ. Unser Dank gilt außerdem Gert Ysebaert, Caspar van Rhijn, Rien van Beemen, Wilbert Schutrups, Peter Vandermeersch, Mira Pasveer, Eefje Pater, Lucas Vos, Saoendy Pahladsingh, Marloes Berger, Dennis Lotten, Linda Reinders, Arthur Passtoors, Stephan Maat, Niels Hoedjes, Iris Bosma, Sebastiana Verhaar, Martijn Zanen, Femke van Welsenes, Joleen Van der Zwan, Marnix van Buuren, Gerard Schoorl, Niels Vlug, Adriaan Rekker, Mirjam Kruisman, Lia Jonas und Omid Holterman.

Wir danken unseren Kollegen und Kolleginnen von Mather Economics: Arvid Tchivzhel, Dustin Tetley, Matthew Lulay, Adrian Stavaru, Jack Curran, Andrew Carstensen, Alicia Queen, Brandon Williams, Tom Slusher, Patrick Smith, Steve Padgett, Bob Terzotis, Shawn DeWeese, Brian Brown, Marigrace Davis, Brian Garcia, Chuck Currin, Judy Drobinski und allen anderen Experten und Analysten im Team, sowie Sebastian Gehr für seine wertvollen Anregungen zur deutschen Ausgabe.

Wir bedanken uns für wertvolle Hinweise und die Korrektur des Manuskripts bei: Vincent Peyregne und Dean Roper von WAN-IFRA; Ken Doktor von Newsonomics; den Gurus im Bereich Kundenerlebnis Willem Aanen und Sydney Brouwer; Tim Corbett und Earl Wilkinson von INMA; Marit Coehoorn und Erik Roscam Abbing von Livework; Nick Poldermans von der Rabobank; Jimmy de Vreede von Yourzine für sein umfangreiches Feedback; Elch Mann, Kirby Andersen, Helen Harris, Peter Berry und Katie Biondo von unserem amerikanischen Verlag Advantage; Pim van Tol, Cecilia Schouten und Janine Sloof von Business Contact. Unser herzlicher Dank geht auch an Jan Dirk van Abshoven, der uns in die Welt des aktiven Zuhörens eingeführt hat. Ein besonderer Dank an Hans Nijenhuis. Er hat uns, Matt, Matthijs und Xavier, im Jahr 2013 zusammengebracht.

Ein besonderer Dank geht auch an Jochen Dieckow vom BDZV, der uns dabei unterstützte, einen deutschen Verlag zu finden und der es uns nach unserer Präsentation in Köln im Jahr 2016 ermöglichte, auch das deutsche Publikum zu erreichen. Für die Übertragung dieses Buches aus dem Niederländischen ins Deutsche bedanken wir uns herzlich bei Ingrid Ostermann.

Last not least danken wir unseren Familien und unseren Ehefrauen, Annie, Arieke und Wietske, die uns – auch – beim Schreiben dieses Buches unterstützt haben.

Über die Autoren

Xavier van Leeuwe hat mehr als zehn Jahre Erfahrung in verschiedenen Führungspositionen bei NRC, der Telegraaf Media Groep und dem Medienunternehmen De Persgroep. Bei NRC entwickelte und implementierte Xavier eine kundenorientierte und datengesteuerte Betriebskultur. Vor seiner Laufbahn im Marketingbereich arbeitete er mehrere Jahre als Wirtschafts- und Finanzjournalist. Xavier begann seine Karriere als Wissenschaftler für die Vereinigten Nationen in Genf. Er tritt regelmäßig als Redner auf internationalen Kongressen auf. Darüber hinaus ist er aktiver Blogger im Bereich Marketing und Technologie für INMA.org und veröffentlicht wöchentlich einen Newsletter, den Sie auf changemediaforgood.com abonnieren können. Xavier hat einen Master-Abschluss (cum laude) in Betriebswirtschaftslehre von der Erasmus Universität Rotterdam, außerdem hat er dort erfolgreich ein Postgraduierten-Studium in Journalismus absolviert.

Matt Lindsay, Geschäftsführer von Mather Economics LCC, unterstützt seit mehr als zwanzig Jahren Unternehmen durch Preisstrategien und statistische Modelle dabei, ihre Geschäftsergebnisse zu steigern. Matt betreute Kunden wie Intercontinental Exchange, Gannett Company, The Home Depot, NRG Energy, Everglades Foundation, Dow Jones und die The New York Times. Zu Beginn seiner Karriere war er Berater bei der großen Wirtschaftsprüfungsgesellschaft Arthur Andersen, darüber hinaus arbeitete bei der Corporate Economics Group. Er ist ein gefragter Referent bei Veranstaltungen des Mediensektors. Matt Lindsay promovierte im Fach Wirtschaftswissenschaften an der University of Georgia, er hat einen Master-Abschluss in Angewandter Volkswirtschaftslehre der Clemson University und einen Bachelor-Abschluss in Wirtschaftswissenschaften der University of Georgia.

Matthijs van de Peppel ist seit über zehn Jahren im Zeitungssektor tätig. Er begann seine Karriere im Bereich Marketing, spezialisierte sich im Bereich Online-Marketing, entwickelte sich weiter zum Webshop-Manager und Projektleiter. In seiner jetzigen Position als Direktor des Unternehmensbereichs Marketing und Data bei NRC Medien überträgt er Erkenntnisse aus der Datenanalyse in Unternehmensstrategien und ist für die Verbesserung der Customer Experience verantwortlich. Er hat einen Bachelor-Abschluss in Niederländische Sprach- und Kulturwissenschaften und einen Master in Organisationswissenschaft der Universität Utrecht. Danach hat er das Weiterbildungsprogramm Niveau B des Niederländischen Instituts für Marketing (NIMA) abgeschlossen. Zudem absolvierte er einen postgraduierten Studiengang in Business Analytics und Data Sciene an der Freien Universität Amsterdam.

NRC Media ist ein 1828 gegründetes Medienunternehmen. NRC hat einen Kundenstamm von über 265.000 aktiven Abonnenten. Nrc.nl, die NRC-Nachrichten-Website, generiert jeden Monat mehr als zwanzig Millionen Seitenaufrufe. Das Unternehmen beschäftigt 360 Personen und erwirtschaftet 81 Prozent seiner Einnahmen aus dem Abonnementgeschäft und 19 Prozent aus Werbeeinnahmen.

Mather Economics ist ein international tätiges Beratungsunternehmen, das mit großer operativer Expertise und mehreren selbstentwickelten analytischen Tools Unternehmen ermöglicht, einen besseren Einblick in ihre Kunden zu gewinnen. Das Unternehmen unterstützt andere Unternehmen dabei, Preisstrategien zu entwickeln und umzusetzen, die den Umsatz steigern und die Kundenbindung erhöhen. Mather Economics wurde im Jahr 2002 gegründet und hat vierzig Angestellte. Das Beratungsunternehmen betreut rund 500 Kunden, für die sie unter anderem die Preisoptimierung im Abonnementgeschäft durchführt. Diese Kunden wiederum bedienen 30 Millionen Haushalte mit einem Gesamtumsatz von vier Milliarden Dollar. Mather ist in Atlanta, Georgia ansässig und gehört zu den am schnellsten wachsenden Unternehmen in den USA.

Mather Economics
+1 770 993 4111
1215 Hightower Trail, a-100
Atlanta, GA 30350
USA

Endnoten

[1] Zuora, 'The Subscription Economy Index', 2016, https://www.zuora.com

[2] Robert Putnam, Bowling Alone: The Collapse and Revival of American Community. New York: Simon Shuster Paperbacks, 2001.

[3] Robbie Kellman Baxter, The Membership Economy. McGraw-Hill Education – Europe, 2015.

[4] Robbie Kellman Baxter bezeichnet dies in ihrem gleichnamigen Buch (2015) als ‚Membership Model'. Bei NRC kamen wir jedoch dahinter, dass der Begriff ‚Mitgliedschaft' nicht unbedingt für alle unsere Kunden zutreffend ist. Einige Abonnenten sind einfach zufrieden mit unserem ausgezeichneten Journalismus sowie mit den Dienstleistungen, die sie erhalten. Sie sehen sich nicht als Mitglied der Zeitung. Ähnliches gilt für Unternehmen wie Microsoft und Netflix. Ihre Kunden erhalten gute Produkte und Dienstleistungen, aber nicht alle Kunden verstehen sich als ‚Mitglied der Microsoft-Community' oder ‚Mitglied der Netflix-Community'. Deshalb plädieren wir für den Begriff ‚Relationship-Economy'.

[5] Thomas H. Davenport, einer der größten Denker, wenn es um die Verwendung von Business-Intelligence und Datenanalysen in Organisationen geht, stellt fest, dass für die effektive Nutzung der Daten diese Art von Wissen unverzichtbar ist. Data to Knowledge to Results: Building an Analytical Capability, California Management Review, Vol. 43, Nr. 2, S. 117-138, 2001.

[6] Davenport, Thomas H. et al.: Big Data @work: Chancen erkennen, Risiken verstehen. München: Verlag Franz Vahlen: 2014.

[7] Collins, Jim: Der Weg zu den Besten: Die sieben Management-Prinzipien für dauerhaften Unternehmenserfolg, Campus Verlag: 2011.

[8] Charles Duhigg: Die Macht der Gewohnheit: Warum wir tun, was wir tun, Piper: 2013.

[9] Laney, Doug: 3D Data Management: Controlling Data Volume, Velocity and Variety, meta Group, BibSonomy, Februar 2001.

[10] Auf der Grundlage des europäischen Datenschutzgesetzes, das 2018 in Kraft getreten ist.

[11] Doc Searls, The Intention Economy. Boston: Harvard Business Review Press, 2012.

[12] Davenport (2013) nennt diese Art der deskriptiven Analyse und Berichterstellung elementarer Prozesse ‚Analyse 1.0', im Gegensatz zu ‚Analyse 2.0' und ‚Analyse 3.0', bei denen Big-Data-Methoden wie prädiktive und präskriptive Modellierung Verwendung finden.

[13] In Teil 4 finden Sie weitere Informationen zu Verkaufsprognosen.

[14] Modifiziert übernommen von DataSherpa.

[15] Poundstone, William: Priceless: The Myth of Fair Value (and How to Take Advantage of It) New York: Hill and Wang, 2010.

[16] Thaler, Richard: Mental accounting and consumer choice (S. 199–214) in: Marketing Science 4 (1985).

[17] Ariely, Dan: Denken hilft zwar, nützt aber nichts: Warum wir immer wieder unvernünftige Entscheidungen treffen. Droemer: München 2008.

[18] Wang, T.; Oh, L.; Wang, K. et al., User adoption and purchasing intention after free trial: an empirical study of mobile newspapers, Information Systems and e-Business Management 11 (2012).

[19] Kellman Baxter, Robbie: The Membership Economy. McGraw-Hill Education – Europe, 2015.

[20] Ariely, Dan: Denken hilft zwar, nützt aber nichts: Warum wir immer wieder unvernünftige Entscheidungen treffen. Droemer: München, 2008.

[21] Kelley Tom; Kelley, David: Creative Confidence: Unleashing the Creative Potential within Us All. New York: Crown Business, 2013.

[22] Der Net-Promoter-Score (NPS) ist eine Kennzahl, die mit dem Unternehmenserfolg (in bestimmten Branchen) korreliert. Er ist in Maß dafür, wie zufrieden ein Kunde mit einem Anbieter/Lieferanten ist. Der NPS berechnet sich aus der Antwort auf eine Frage: Wie wahrscheinlich ist es, dass Sie unser Unternehmen/Produkt im Freundeskreis oder im Kollegium empfehlen würden? Die Punktzahl liegt auf einer Skala von 0 bis 10. Der NPS wird berechnet, indem der Prozentsatz der Kritiker (Kunden, die eine Punktzahl von 0 bis 6 vergeben haben) vom Prozentsatz der Promotoren (Kunden, die eine 9 oder 10 vergeben haben) subtrahiert wird.

[23] Gordon, Thomas: Managerkonferenz: Effektives Führungstraining. München: Heyne, 2005.

[24] Kelley Tom; Kelley, David: Creative Confidence: Unleashing the Creative Potential within Us All. New York: Crown Business, 2013.

[25] Gordon, Thomas: Managerkonferenz: Effektives Führungstraining. München: Heyne, 2005.

Schöne neue Welt?

Ein Buch, das niemanden mehr ruhig schlafen lässt.

Die Datensammelwut der Internetgiganten ist kein Geheimnis – und aufgrund dieser Datenbasis und neuer digitaler Produkte wie Haustechnik, Autoelektronik, Drohnen, digitaler Währungen etc. dringt die New Economy immer weiter in alle Systeme ein. Doch wie sieht eine Welt aus, in der Google, Facebook & Co. als gigantische globale Monopole agieren? Regieren sie längst die Welt?

Arno Rolf und Arno Sagawe beschreiben den Weg in die digitale Welt – in die smarte Gesellschaft – und untersuchen auf spannende Weise, ob die digitale Transformation und stabile Gesellschaften überhaupt miteinander vereinbar sind.

Arno Rolf, Arno Sagawe
Des Googles Kern und andere Spinnennetze
Die Architektur der digitalen Gesellschaft
2015, 278 Seiten, flex. Einb.
ISBN 978-3-86764-590-4

www.uvk.de